NOSTRADAMUS

Nostradamus es el libro que en sus cuartetas guarda terribles y siniestros secretos del devenir del mundo y la humanidad.

Hoy se sabe que las profecías de Michel de Nostradamus se han ido cumpliendo como un sino fatalista, ya que en ellas predijo el nacimiento de Hitler, la Primera y la Segunda Guerra Mundial, terremotos, asesinatos de la nobleza europea, entre otras muchas calamidades. Pero, por supuesto aún faltan diversas profecías por cumplirse y que usted debe conocer.

Adéntrese con *Nostradamus* y los vaticinios de San Juan y devele el misterio de las claves. ¡Sea pues lo que el destino depare a la humanidad!

NOSTRADAMUS

SELECTOR
actualidad editorial

SELECTOR
actualidad editorial

Doctor Erazo 120
Colonia Doctores
México 06720, D. F.

Tels. 543 70 16 - 682
536 30 31

NOSTRADAMUS

Diseño de portada: Víctor Machuca
Ilustraciones de interiores: Mónica Yániz

D.R. © 1995, Selector, S.A. de C.V.
Derechos exclusivos de edición reservados para el mundo

ISBN: 968-403-789-9

Décima Octava reimpresión. Noviembre de 2004.

Contenido

Introducción

A medida que nos acercamos al año 2000, el temor popular hacia un desastre apocalíptico aumenta, exactamente como ocurrió en Europa al acercarse el fin del primer milenio.

Las profecías decían entonces que Satanás debía permanecer encadenado durante mil años, y que ese plazo estaba a punto de finalizar. Si la cuenta comenzaba a partir del nacimiento de Cristo, el año mil debía ser sin duda un año fatídico en el que estaba implicado el desencadenamiento del mal.

No obstante, en esa predicción existe una segunda versión a la que se han aferrado muchos de los profetas de desastres. Según ésta, Cristo, a través de su doctrina nos libraría del mal y vencería a la Bestia. Vendrían entonces mil años de felicidad, mismos que, según la profecía de Malaquías están por terminar.

Michel de Nostradamus, en sus cuartetas, anunció el fin de la Iglesia, pero otros videntes han predicho lo mismo. Inclusive se ha dicho que después de Juan Pablo II habrá tres Papas más y llegará Pedro el Romano, con lo que la Ciudad Eterna quedará destruida.

La pregunta es ¿por qué todas las profecías están única y exclusivamente dirigidas hacia la Iglesia de Cristo?, o bien ¿por qué el hombre, víctima de su propia ignorancia ha caído en la superstición de creer en su propio fin y destrucción?

Capítulo I

¿Una advertencia para la humanidad?

A César Nostradamus
Mi hijo, bienestar y dicha.

Tu nacimiento me impulsa a redactar este documento, con el fin de que poseas algo para recordarme y comprender mi mente que ha llegado a conocer el devenir del mundo a través del entendimiento de la ciencia celeste. Esta carta que ahora está en tu poder es el resultado de una vida colmada de quehaceres y bendiciones, los mismos que espero colmen tu existencia para provecho de ti y de la humanidad.

La voluntad de Dios ha querido que mis palabras lleguen a ti en edad aún tierna, y por lo mismo temo que no puedas captarlas con la fuerza que hubiera deseado. El que debas andar sin mi compañía bajo la sombra del cielo de Marte es designio de que la búsqueda que he emprendido terminará con mis días.

Por eso, al ver tu juventud, me he decidido a romper con la tradición de heredarte mis conocimientos por la vía oral. Sólo la palabra escrita te permitirá comprender el sinnúmero de eventos a los que me refiero y que trastocan nuestro entorno.

Es preponderante aceptar los límites impuestos al hombre. El destino está regido por un ser todopoderoso que dice cuándo y qué camino seguir. Él es quien te permitirá ver más allá de los límites. Él es nuestro guía, de Él emana mi sabiduría, y por Él es que conozco las calamidades y prosperidades de todo lugar y tiempo.

Muchas veces he decidido callar para no acelerar la furia e impaciencia de los hechos que por sí solos actuarían en los campos, ciudades y reinos. Todo cambiaría: las leyes, juicios y sucesos se observarían como antagónicos al hombre, y a ellos se les atribuirían valores malignos. Lo que era orden se convertiría en caótico, lo que era claro se vería turbio y los hombres se postrarían ante ese espectáculo de horrores y calamidades. Por eso creo que es preferible guardar ciertos conocimientos antes que desatar peores desastres que, a la postre, y por ser verídico cuanto veo, tendrán que ser aceptados por los que vendrán.

Dos de las sentencias del Salvador: "No entregarás a los perros lo que pertenece a la santidad" y "No les des a los cerdos perlas porque ellos las pisotearán y juntos se vendrán contra nosotros para despedazarnos", han turbado mi espíritu con tal fuerza que estuve a punto de arrepentirme de lo que a continuación escribo.

En la reflexión opté por dejar una tenue y frágil huella, que a la vez se hiciera profunda con el tiempo para dar luz a todos los confines. Porque he visto tanto de lo que acontecerá que me pareció justo que los hombres poseyeran algún conocimiento de lo que tendrán que enfrentar. Pero sobre todo, y cuidando de no alterar la escurridiza razón, y despertar de golpe al sueño de la eternidad, he entrelazado las palabras en cuartetos, y las he unido de tal manera que las profecías en su conjunto se fueran develando prudentemente. El futuro no pertenece a los hombres inicuos, ni a los poderosos, ni tampoco a los débiles y mezquinos, sino a aquellos que pasan sin que su sombra nos toque y viven sin llegar a contagiarnos.

Quienes han tenido el don de ver los acontecimientos futuros es porque recibieron del Todopoderoso ése y otros poderes, que servían para beneficiar a la popla-

ción; sin embargo, cada profeta ha decidido el momento propicio para dar a conocer sus profecías. Cabe aclarar que estas adivinaciones son de una categoría muy elemental. Así como el rayo deja su luz y calor al ponerse en contacto con los cuerpos no elementales, así el Todopoderoso deja su sabiduría en la naturaleza de donde nosotros tratamos de tomar su luz y calor, sin que nos sea posible penetrar en los secretos de Dios, porque sus revelaciones están determinadas por Él mismo.

Es preciso, hijo mío, que sepas de la existencia de ciertos personajes que han tenido la facultad de predecir los acontecimientos por medio de símbolos impresos por Él.

El poder de estos hombres se ha manifestado como una exaltación de los sentidos que va precedida por una intensa luz.

Tal vez esto te resulte complicado de entender, pero cada obra de Dios debes valorarla en su totalidad, aunque sólo veas una parte. En su entender infinito, Él nos ha dado la gracia de conocer sus designios. Es tal su bondad que en susurros y notas poéticas hemos visto transcurrir el tiempo. Sus palabras son suaves y armoniosos versos que nuestro oído capta para llevarnos sin temor y, olvidando todo compromiso real, nos dejamos transportar a rimas perfectas que se traducen en largas sentencias.

Un día comprenderás y penetrarás en este conocimiento, aunque sólo se te permita llegar a él parcialmente. Por complicadas que te parezcan las palabras oscuras irán uniéndose y el tiempo se encargará de llevar lo difícil a la flor de la razón. En esto ante todo está la mano del Creador, y con Él tendrás todo, porque requerirás su ayuda.

Te pido que no inviertas ni comprometas tu vida en asuntos inútiles. La voz de Dios la escucharás cuando Él así lo disponga. Los sueños y vanidades sólo conducen a sufrimientos y perdición. Aléjate de la magia porque ella está proscrita en las Santas Escrituras. Lo que aquí te dejo lleva el consentimiento de Dios, porque es una revelación suya.

He tenido temor y mucho de lo que hasta ahora he escrito se encuentra en poder del fuego. Pienso en lo que vendrá después de mí, en todo aquello que por largas noches fui recibiendo y acumulando, y siento grandes dudas. La ciencia del cielo también sufre cambios, así que no quieras guiarte por el mapa celeste que cubría en antaño la casa del Señor. Para Él, y con su venia, todo es claro y franco, trátese del futuro, el presente o el tiempo pasado.

Yo no debía errar y fallé. Mi alma es débil y mi cuerpo está sujeto a las aflicciones mundanas. Soy mortal, y así como pude tocar el cielo con el espíritu, también mis pies están sobre la tierra.

Muy a mi pesar en largas noches de mi vida contemplé el espejo líquido con terribles imágenes que, como visiones alteradas de algún mundo no presente, fueron creando estos Libros que contienen el devenir del mundo hasta el año 3797.

Ten plena confianza en lo que aquí digo, y a su tiempo, la luz divina iluminará tu inspiración y te dará seguridad para recorrer el camino. Parte de las cuartetas guardan la clave y es menester separar el elemento astral del racional, y así la verdad brillará desde lo más profundo.

Lluvia y fuego harán de esta tierra un solitario planeta; la tierra de nadie. Esto nos lo dice el cielo astral, el cielo de Saturno que habla de enormes cambios cualitativos. Todo será de nadie; el mundo volverá a su equilibrio natural y con ello Dios, Creador Eterno, verá contemplada su obra.

Vendrán mensajeros de fuego, hambre, luchas, pestes y muerte. Las calamidades azotarán a la humanidad una y otra vez, como fuera revelado por la gracia del Creador en fantasías nocturnas: "Te pondra a prueba y con una hoja de hierro serás castigado". No veo piedad de Dios durante muchos siglos.

Ruego al Señor para que tengas una vida larga y próspera en bienes y amor.

Michel de Nostradamus
De Salon, 1 de marzo de 1555.

Capítulo II

Profecías

La Tercera Guerra

Nostradamus pronostica una gran división entre las naciones que culminará con una gran guerra, la cual será devastadora para la humanidad. Como antecedente de esto, el profeta advierte la llegada de una época en la que los políticos serán incapaces de solucionar las crisis. Habrá luchas internas, levantamientos y rebeliones en ciudades y regiones de Europa, así como en varias urbes norteamericanas.

El sino del desastre

Centuria VIII, cuarteta 2 bis:

> "Muchos vendrán y hablarán de paz
> entre monarcas y señores bien puestos.
> Mas no será acordada por ésos
> que obedecen a mezquinos intereses."

Los jefes de Estado se reunirán para firmar una paz que, sin embargo, jamás será pactada, debido a los mezquinos intereses que les mueven.

¿Se ha preguntado cuántas conversaciones de paz se están desarrollando desde hace tiempo? He aquí el ejemplo de unas cuantas: Conversaciones SALT, para el desarme nuclear; Camp David, para la guerra en Oriente Medio; comisión en la ONU para la invasión de Afganistán; comisión en la Organización de Estados Africanos, con fuerzas de pacificación para lograr el alto al fuego en Chad; frentes para la liberación en El Salvador, Guatemala, Sahara, Afganistán, etcétera... En definitiva, todo el mundo habla de paz y, a la vez, todos culpan a sus adversarios de que esa paz sea frágil. ¿No estaba Nostradamus en lo cierto?

Centuria I, cuarteta 91:

"Los dioses se aparecerán a los humanos
que (y) serán autores de un gran conflicto.
Antes, visto el cielo sereno, espada y lanza,
que en la mano izquierda será más grande la aflicción."

Los dioses engañarán a los humanos para que ellos mismos sean la causa de su propia destrucción, a través de un gran conflicto armado. Primero el cielo estará sereno; después se nublará por las armas de tierra (espada) y aire (lanza), causando un mayor estrago en las fuerzas de izquierda.

El móvil principal de la última gran guerra será el fanatismo religioso. No hay más que ver el falso fanatismo de Gadafi en Libia, de Jomeini en Irán, o las luchas en Yugoslavia y Rusia, para darse cuenta de que éste ya ha promovido conflictos armados.

Centuria III, cuarteta 5:

"Cerca, lejano defecto de las dos grandes luminarias.
¿Qué ocurrirá entre abril y marzo?
¡Oh, qué precio! Pero dos grandes benévolos
por tierra y mar socorrerán todas las partes."

Las dos grandes luminarias componen la figura metafórica, a través de la cual Nostradamus se refiere en sus Centurias al oro y la plata. Dicho esto, la cuarteta se interpreta en el sentido de que la escasez de oro y plata desencadenará una carestía en el costo de la vida. Vendrá cierta ayuda, que servirá de poco, visto el significado del resto de las profecías.

Centuria VIII, cuarteta 28:

> "Los simulacros de oro y plata inflad,
> que después del rapto al fuego fueron arrojados.
> Al descubierto extinguidos todos y enturbiados.
> En el mármol esculpido, lo prescrito interponed."

Lo que representa el oro y la plata (los simulacros) es decir, el papel moneda serán víctimas de la inflación. Con unos gobiernos acosados por la deuda pública y sin posibilidades de atender las necesidades de sus pueblos, el sistema monetario caerá en picada (el descubierto.que extingue a todos y todo lo enturbia). El mármol, material noble y duradero simboliza el deseo o la advertencia del profeta para que se recuerden siempre las consecuencias nefastas de vivir en un sistema monetario ajeno al sentir humano.

Centuria VIII, cuarteta 35:

"La gran lonja se lamentará, llorará
de haber elegido. Equivocados estarán en la edad:
caudillo con ellos no querrá residir,
defraudado será por los de su lengua."

La profecía indica el constante lamento por la riqueza perdida, característica general de los tiempos prebélicos. Asimismo, la gente se quejará por haber elegido a sus caudillos (políticos) que serán repudiados, pensando que todavía hay remedio para los males... Sin embargo, Nostradamus sabía muy bien que ese remedio no existía: "equivocados estarán en la edad..." equivocados estarán en el tiempo que les queda...

Centuria VIII, cuarteta 16:

"En el lugar donde Hierón hizo su nave fabricar
tan gran diluvio habrá y tan súbito
que no habrá lugar ni tierras en las que cobijarse.
La ola alcanzará Fesulano Olímpico."

Fesula es una ciudad de Etruria (Toscana), por lo que la cuarteta indica que en Roma habrá tal diluvio que no existirá lugar donde guarecerse o donde hallar salvación. Probablemente Nostradamus utilizó el vocablo "diluvio" para designar una revolución, ya que dice que las oleadas llegarán hasta Toscana, después, quizá, de unos Juegos Olímpicos.

Centuria X, cuarteta 65:

> "¡Oh, vasta Roma, tu ruina está cerca!
> No de tus muros, de tu sangre, de tu sustancia:
> el áspero por cartas hará tan horrible mezquindad.
> Hierro puntiagudo hundidos a todos hasta el mango."

La caída de Roma no será sólo de sus muros, sino de la sangre y la sustancia de la ciudad: el Papa y sus colaboradores. La tercera línea asegura que existirá gran cantidad de literatura en contra del clero y, por último, que todos ellos serán muertos.

Se ha dicho que en esta cuarteta se vislumbra la idea de Nostradamus de que Roma será aniquilada por la bomba de neutrones: la segunda línea es la base de tal hipótesis, ya que en ella se especifica claramente que no será destruida en sus muros, sino en su sangre y sustancia, lo que admite la tesis de la muerte de sus habitantes mientras las construcciones se mantienen incólumes. En cualquiera de los dos casos el vaticinio es desafortunadamente estremecedor.

Italia

Centuria VIII, cuarteta 46:

> "Pol Mansola morirá a tres leguas del Ródano,
> huye las dos próximas tarascas destruidas:
> porque Marte hará el más terrible trono,
> de gallo y de águila de Francia tres hermanos."

Para entender el significado oculto de esta cuarteta es preciso comentar algunos datos. Nostradamus escribe "Pol" para referirse a Paul (Pablo), es decir

a Juan Pablo II —que es polaco. Así, pues, Pol Mansola (o sea, labor y sol que, justamente es la divisa que Malaquías otorgó a Juan Pablo II: *de labore solis)* morirá a tres leguas del Ródano (a donde, según la cuarteta 99 de la Centuria IX, habría huido a causa de la invasión rusa). Las "dos próximas tarascas destruidas" adquiere sentido luego de saber que existen dos ciudades de ese nombre (Tarascón), situadas en las cercanías del Ródano. Según la Centuria, el Papa se refugiará en alguna de estas ciudades porque Marte (el dios de la guerra) hará las cosas más horribles con su trono. Los tres hermanos de la última línea son, sin duda, el propio Papa, Francia (el gallo) y los Estados Unidos (el águila). En resumen: el Papa se refugiará en las ciudades de Tarascón, a donde habrá llegado huyendo de los destrozos que la guerra causará en su trono. Allí se encontrará con dos aliados, pero ello no le impedirá morir.

Centuria I, cuarteta 46:

> "Sobre Aux, Lestore y Miranda
> gran fuego del cielo en tres noches caerá:
> algo hermoso sucederá y admirable,
> poco después la tierra temblará."

Sobre las tres ciudades mencionadas (Aux, Lestore y Miranda) caerá una gran cantidad de bombas durante tres noches consecutivas. Luego sucederá algo que parecerá agradable a los agredidos, e inmediatamente se producirá un temblor.

Centuria X, cuarteta 29:

> "De Pol Mansola en caverna capruna
> escondido y capturado, sacado fuera por la barba,
> cautivo llevado como bestia mastín.
> Por Begourdans llevado cerca de Tarbes."

"Capruna" o "Caprina", como escribió originalmente Nostradamus es un término que se relaciona con la isla de Capri. La frase "sacado fuera por la barba" (barbe, como escribiera Nostradamus) hace alusión a Domitius Aenobarbe, quien fuera el padre de Nerón, autor de la célebre frase: "De Agripina y de mí, sólo puede nacer un monstruo". De ahí que en todas sus centurias, Nostradamus llame a Hitler Nerón. "Sacado fuera por la barba" podría significar "sacado fuera por la revolución", o en todo caso, por las fuerzas desestabilizadoras que, desde siempre, ha representado la figura histórica de Nerón, simbolizado en este caso por su padre.

Juan Pablo II, refugiado en la isla de Capri, es hecho prisionero por las fuerzas revolucionarias. Será conducido a prisión, como los animales domésticos, a través de la región de Begourdans y cerca de Tarbes. Falta decir únicamente que Begourdans es una región también llamada Bigorre, cuya ciudad más importante es, precisamente, Tarbes.

Centuria II, cuarteta 35:

"En dos alojamientos de noche el fuego prenderá,
muchos dentro ahogados y quemados:
llegará sólo uno por cerca de dos ríos.
Excepto Sol, Ars y el Caper, todos serán dados por
[muertos."

El fuego consumirá por la noche dos inmuebles. Muchos hombres morirán quemados y asfixiados (?). El Papa llegará solo (esto es, sin compañía alguna) cerca de dos ríos. Después de su paso por Ars y Capri, todos serán dados por muertos.

La ciudad con dos ríos debe ser Lyon, situada entre el Ródano y el Saona: ello se complementaría con las demás cuartetas que hacen referencia a Juan Pablo II.

Cuando escribe: "Todos serán dados por muertos"

probablemente Nostradamus se refiera a las víctimas de alguna revolución en esas ciudades o bien al séquito del Papa.

Centuria V, cuarteta 57:

"Saldrá del monte Gaulsier y Aventino
quien por el agujero dirigirá el ejército,
entre dos rocas será cogido el botín.
Desde Sext perderá el renombre Mansol."

Saldrá de Roma y pasará por las montañas del norte de Italia, a causa de alguien que atacará él país desde Suiza. Sus bienes serán arrebatados en las cercanías de Tarascón. Su renombre comenzará a desaparecer a partir de su paso por Aix-en-Provence.

Como el profeta tuvo a bien indicarnos por medio de la palabra Mansol a quién se refería (Juan Pablo II), el contenido de la cuarteta puede catalogarse de esclarecedor.

Centuria VIII, cuarteta 34:

"Después de la victoria del león sobre Lyon,
en la montaña de Jura hecatombe.

Delues y Brodes séptimo millón.
Lyon, Ulme a Mansol muerte y tumba."

Tras la victoria de un jefe violento (león) sobre la ciudad de Lyon, habrá una hecatombe sobre los montes Jura y siete millones de hombres (¿soldados?) morirán en los Alpes. Juan Pablo II encontrará la muerte en Lyon y será sepultado ahí.

Centuria II, cuarteta 97:

"Romano Pontífice: guárdate de acercarte
a la ciudad que riegan dos ríos.
Tu sangre vendrá cerca de allí a derramarse,
cuando florezca la rosa, tú y los tuyos."

Lyon, como se ha señalado, es la ciudad a la que ba-

ñan dos ríos. La rosa es el símbolo de los socialistas. Tú y los tuyos es una referencia al Papa y a quienes componen su séquito. Con estos datos se interpreta fácilmente la cuarteta.

Centuria VIII, cuarteta 62:

"Cuando se verá expoliar el Santo Templo,
el más grande del Ródano sus sagrados profanar.
Por ellos nacerá pestilencia tan amplia.
Rey huido injusto no hará condenar."

Desde el Ródano, el Papa verá expoliar el Vaticano por unos enemigos que causarán una gran calamidad. El jefe del gobierno (rey), aunque duro, no hará condenar tales actos de crueldad.

Francia

Centuria IV, cuarteta 45:

"Por un conflicto, el rey su reino abandonará.
El mayor de los jefes faltará a lo necesario,
heridos de muerte, pocos escaparán.
Todos decapitados, uno será testigo."

Al parecer en esta serie de predicciones Nostradamus se refiere a Francia. La cuarteta significaría que a causa de un conflicto, el jefe del Estado francés abandonará su puesto, mientras que el mayor jefe de Estado europeo (Rusia) sucumbirá por penuria y muy pocos de los suyos escaparán de la muerte. El personaje que será testigo de ello queda sumido en el misterio.

Centuria I, cuarteta 94:

"En el puerto Selín el tirano ha muerto,
la libertad no por ello recobrada.
El nuevo Marte, por venganza y remordimiento.
Dama por fuerza de horror honrada."

Selín, en griego, es la luna; el profeta utiliza este simbolismo para señalar la insignia de la bandera árabe. La palabra "dama", por su parte, es el vocablo que Nostradamus emplea para designar la república. La traducción de la cuarteta sería entonces:

"El tirano será asesinado en un puerto musulmán, pero no por ello los esclavizados recobrarán su libertad. Una nueva guerra será declarada por espíritu de venganza, y la República será derrocada por la fuerza."

Centuria VI, cuarteta 42:

"El reino será dejado por Logmión,
del gran Selín, que realizará un hecho más.
Por las Italias extenderá su enseña.
Será regido por prudente contrahecho."

Logmión, en la antigua mitología gala, era el dios de la elocuencia. Probablemente, Nostradamus simbolizó en él el sistema parlamentario francés. Selín es, como queda escrito en la cuarteta anterior, la luna, y señala a los musulmanes. Así, pues, esta cuarteta quiere decir que el sistema parlamentario francés (la República) será destruido por los árabes quienes, además, realizarán otros actos (de fuerza) y conquistarán Italia. En este país impondrán un jefe de Estado que se revelará prudente (inteligente).

Centuria I, cuarteta 3:

"Cuando la litera volcada por el torbellino,
y los rostros estén cubiertos por sus mantos,
la República vejada por nuevas gentes.
Entonces blancos y rojos se juzgarán al revés."

La palabra "torbellino" es una traducción poco afortunada de *tourbillon,* como escribiera originalmente Nostradamus. Este vocablo proviene del latín *turbo,* que significa "revolución". Por otra parte, cuando escribe: "cubiertos por sus mantos" *(leur manteaux couverts)* el profeta seguramente quería dar a entender la frase sinónima *s'envelopper de son manteau,* que significa "resignarse ante la mala suerte".

La interpretación podría ser entonces la siguiente:

"Cuando el lecho (sustento) de la revolución sea volcado y (los revolucionarios) se resignen a su mala suerte, la República será vejada y, en ese momento, los rusos y los mahometanos se mostrarán en desacuerdo."

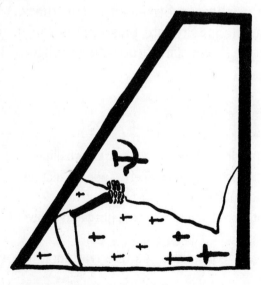

Los países árabes

Centuria II, cuarteta 95:

"Los lugares poblados serán inhabitables,
gran división habrá en los territorios.
Reinos entregados a jefes incapaces.
Entre hermanos muerte y disensión."

Esta cuarteta se relaciona con otras que indican que los pronósticos de Nostradamus se refieren al conflicto entre árabes y judíos. Los versos podrían interpretarse así: quizá debido a la contaminación atómica, o a los devastadores efectos de la guerra, los lugares habitados serán destruidos y existirá una gran división en los territorios palestinos. Los políticos se mostrarán incapaces de solucionar la crisis y la guerra y la muerte seguirán reinando entre estos dos pueblos hermanos: los árabes y los judíos.

Centuria I, cuarteta 9:

"Desde Oriente vendrá el espíritu púnico,
a hostigar a Hadria y a los herederos de Rómulo.
Acompañado de la flota líbica.
Temblarán los malteses y las islas próximas saqueadas."

"Espíritu púnico" es la traducción que se ha hecho de la expresión original *coeur punique* empleada por Nostradamus. Si tomamos en cuenta su lenguaje hermético, deberíamos entenderla por *foi punique,* que, aunque literalmente significa "fe púnica", entre los franceses adopta el giro de "mala fe". Hadria (Hadrie) es, sin duda, el mar Adriático y, si recordamos quién era Rómulo, es sencillo deducir que el profeta se refiere en esta cuarteta a los italianos.

La cuarteta se develaría así: "Desde Oriente vendrán los actos violentos o de mala fe que hostigarán el Adriático y a los italianos con la ayuda de la flota libia. Los habitantes de Malta y su archipiélago temblarán de miedo y serán expoliados".

Centuria III, cuarteta 27:

"Poderoso príncipe libio en Occidente,
francés de Arabia tanto se inflamará:
sabio en las letras, será condescendiente.
La lengua árabe traducir al francés."

La cuarteta puede interpretarse de este modo: "Un jefe árabe poderoso en Occidente inflamará a los árabes en contra de los franceses. Después aparece-

rá un hombre cultivado que traducirá los textos árabes al francés".

No es descabellado pensar que el poderoso jefe
libio consiga su poder sobre Occidente utilizando
el petróleo. No cabe duda que el profeta acertaba
al hablar de la importancia que los países árabes
adquirirían con sus recursos petroleros.

Centuria III, cuarteta 61:

> "La gran banda y secta no crucífera
> se levantará en Mesopotamia:
> del próximo río, compañía ligera
> que tal rey tendrá por enemiga."

Actualmente, Irak y el norte de Siria ocupan la antigua Mesopotamia. El "próximo río" no puede ser
otro más que el Éufrates, que fluye por el territorio
de ambos países. Así pues, Nostradamus nos dice
que: una gran banda y secta anticristiana se levantará en Irak y Siria (en una zona cercana al Éufrates)
utilizando una compañía ligera (carros, infantería,
etcétera). Esta turba considerará la ley cristiana
como su enemiga.

Centuria III, cuarteta 60:

> "Por toda Asia gran proscripción,
> al igual que en Misia, Lisia y Panfilia:
> derramada sangre por la absolución,
> de un joven negro lleno de felonía."

Esta cuarteta está íntimamente relacionada con la anterior, pero conviene hacer algunos matices. La palabra "proscripción" es la traducción del vocablo latino utilizado por Nostradamus, *proscriptio,* que quiere decir "confiscación de bienes"; por otra parte, el traductor interpreta como "absolución" el término *absolutino* del profeta, que en latín quiere decir, entre otras cosas, libertad, redención. El negro es el color distintivo de la dinastía musulmana de los Abaddises, quienes lo utilizan en telas para sus vestimentas y demás usos de la casa.

Con todo ello, podemos concluir que Nostradamus dice: habrá grandes confiscaciones de bienes cristianos, sobre todo en Misia, Lisia y Panfilia (regiones de la Turquía asiática) y en Asia en general. La sangre de los redimidos (cristianos) correrá a raudales, vertida por un joven jefe musulmán.

Rusia

Las profecías de Nostradamus aseguran que los rusos iniciarán una serie de operaciones militares utilizando sus tropas estacionadas en Afganistán. Países como Yugoslavia, Italia, Inglaterra, Suiza, Francia, Alemania, Austria, Grecia, España y Portugal padecerán revoluciones internas y serán asediados. Por otra parte, los musulmanes levantarán en armas a Argelia, Túnez y Turquía.

Centuria II, cuarteta 68:

> "Del Aquilón los esfuerzos serán grandes,
> sobre el océano estará la puerta abierta:
> será restablecido el reino en la isla,
> temblará Londres por vela descubierta."

Para designar a Rusia, Nostradamus utiliza diversos términos: Esclavonia, Tramontana, Normandos, Rojos, Aquilón y el vocablo *ours,* que significa oso. Así, pues, Aquilón es Rusia y la interpretación de la cuarteta sería: los rusos harán grandes esfuerzos en la guerra y tendrán acceso al océano Atlántico. El gobierno de la nación será restablecido (derrocado

antes por la revolución), y Londres temblará ante el cerco de buques enemigos.

Centuria II, cuarteta 32:

> "Leche, sangre, ranas, escurrirá en Dalmacia.
> Dado el conflicto, peste cerca de Balennes.
> El grito será grande en toda Esclavonia.
> Entonces nacerá monstruo cerca y dentro Rávena."

Esta cuarteta precisa de algunas aclaraciones: en diversas parte de su obra, Nostradamus utiliza la palabra "leche" para indicar la alegría de vivir o el vivir gozosamente. "Ranas" es la traducción escogida para *grenouilles,* vocablo con el que el profeta designa a todos los pueblos de la historia que no se han conformado con una situación de invasión, y que han luchado valientemente contra los opresores. Dalmacia es una zona geográfica europea, situada en las cercanías del Adriático. Balennes hace referencia a Francistation de Ballensted, ciudad perteneciente al antiguo ducado de Anhalt, ubicada en la frontera entre las dos Alemanias. Con estos datos podemos pasar a la predicción que sería así:

Después del bienestar, será la sangre del pueblo la que se escurrirá por toda Yugoslavia (Dalmacia) cuando el conflicto se haya declarado. Una calamidad sucederá cerca de Ballensted. El grito (de guerra) será grande en toda Rusia (Esclavonia), y un monstruo nacerá en las cercanías de Rávena.

Centuria IV, cuarteta 82:

"Muchedumbre se acerca, procedente de Esclavonia.
El viejo destructor arruinará la ciudad.
Muy desolada verá la Romaña,
después la gran llama no sabrá extinguir."

Procedente de Rusia (Esclavonia) se acerca hacia el oeste (Romaña) un gran ejército, cuyo viejo jefe destruirá la ciudad (¿Roma?, ¿París?) sin que se pueda frenar su total saqueo.

La destrucción de París

Centuria VI, cuarteta 43:

> "Estará mucho tiempo sin ser habitado
> donde el Sena y el Marne riegan sus riberas.
> Del Támesis y por marciales atacada,
> pudiendo a sus guardias rechazar."

Si recordamos que París está situada en la confluencia del Sena y del Marne, y tenemos en cuenta que Londres está ubicada al lado del Támesis, la cuarteta nos dice que París estará mucho tiempo deshabitada (tras su destrucción) y que Londres será atacada, tras vencer los agresores a los soldados que la protegían.

Centuria III, cuarteta 84:

> "La gran ciudad será bien desolada,
> de sus habitantes, ni uno solo morará.
> Muro, sexo, templo y virgen violada,
> por hierro, fuego, peste, cañón, el pueblo morirá."

La interpretación es sencilla: París, a quien Nostradamus llama en varias ocasiones "la gran ciudad", será destruida totalmente. Ni uno solo de sus habitantes quedará en ella: sus edificios, templos y construcciones serán arrasados, mientras sus mujeres sufrirán la violación de las tropas atacantes. El pueblo, acosado por las armas y las enfermedades, sucumbirá.

Centuria VI, cuarteta 96:

"La gran ciudad, abandonada a los soldados,
nunca mortal viera tumulto tan inminente:
¡Oh, qué horrible mortandad que se aproxima!
Ninguna ofensa será perdonada."

París será abandonada a los soldados enemigos. Jamás se habrá visto un desastre de semejantes características. Una horrible mortandad se acerca a la ciudad: cualquier ofensa (desobediencia a las fuerzas invasoras, desplante o simple negativa a satisfacer un capricho del enemigo) será causa de muerte.

La victoria de Occidente

Centuria III, cuarteta 95:

> "La ley morisca se verá desfallecer
> después de otra mucho más seductora:
> Boristeno caerá el primero,
> por dones y lengua más atractiva."

Boristeno es el nombre antiguo del río Dnieper, perteneciente a la Rusia europea. En esta cuarteta, y a través de las claves de la ley y el lenguaje, Nostradamus nos señala el hundimiento del bloque ruso-musulmán. Se hundirá la ley morisca, después de otra más seductora (la rusa) que habrá caído primero... a causa de un pueblo de lengua más atractiva que puede ser el pueblo francés o la coalición que se haya establecido para luchar contra los invasores.

Centuria IV, cuarteta 39:

> "Los rodianos pedirán socorro,
> por la negligencia de sus amigos abandonada.
> El imperio árabe descenderá su curso,
> por Hesperia la causa enderezada."

Los rodianos son los habitantes de Rodas, isla del mar Egeo, que fue devuelta a los griegos en 1947. *Herperies,* en griego, es la palabra con la que se indica Occidente.

Así pues, Nostradamus nos dice que los griegos pedirán ayuda debido al abandono negligente en que la dejarán sus aliados; sin embargo, la pujanza del imperio árabe será detenida y Occidente restablecerá la situación.

Centuria V, cuarteta 80:

> "Se aproximará Ogmión Gran Bizancio,
> la liga barbárica será puesta en fuga:
> de las dos leyes una, la esténica, dejará
> Bárbara y Francia y constante intriga."

Ogmión era el dios de la elocuencia en la antigua mitología gala; el Gran Bizancio es una alusión a Turquía, en particular a los musulmanes, a quienes llama "bárbaros" en diversas cuartetas. En lo que se refiere al vocablo "esténica", éste significa literalmente "pagano", pero en el contexto árabe cobra un sentido distinto: los musulmanes están divididos en dos sectas religiosas, los sunitas y los chiítas. Los primeros adoptaron su nombre derivándolo de *sunnah,* tradición, y pretenden ser depositarios de la verdadera tradición árabe. Para éstos, los de la segunda ley (chiítas) son los herejes o paganos (de acuerdo al significado del apelativo árabe). Con esta información la cuarteta quedaría:

Un elocuente personaje se aproxima a Turquía y la alianza musulmana será abatida. De las dos leyes musulmanas, la pagana (chiíta, actualmente en el poder) será abandonada (derrotada, expulsada) y habrán perpetuas discordias entre musulmanes y franceses.

Centuria III, cuarteta 31:

"En los campos de Media, de Arabia y de Armenia,
dos grandes ejércitos tres veces se enfrentarán.
Cerca del río Araxes la mesnada
del gran Solimán en tierra caerán."

Media es una zona geográfica perteneciente a la antigua Asia Menor, que termina en Irán, en el llamado desierto de Media. El río Arexes se sitúa en la frontera de la Armenia rusa e Irán, y desemboca en el mar Caspio. Puesto que estamos hablando de dos bloques armados y sabemos que uno de ellos es el árabe, el otro no puede ser más que el occidental.

La profecía asegura que los dos ejércitos se enfrentarán tres veces en los campos de Media, Arabia y Armenia. El último combate tendrá lugar en las inmediaciones del río Araxes, donde las tropas árabes sufrirán una espectacular derrota.

Centuria II, cuarteta 46:

"Después, gran enfrentamiento humano. Otro mayor
[se prepara.
El gran motor renueva los siglos.
Lluvia, sangre, hambre, hierro y peste.
Visto fuego en el cielo, corriendo larga centella."

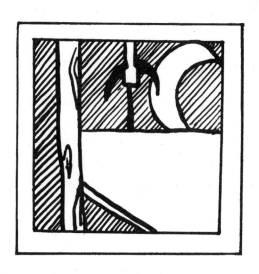

Tras el primer enfrentamiento, vendrá un segundo, con peores características, que tendrá como consecuencia la renovación de la humanidad. La última línea se refiere, sin duda, a la utilización del armamento nuclear.

1999

Centuria X, cuarteta 72:

"En el año 1999, siete meses,
del cielo arribará un gran rey de horror:
resucitar el gran rey de Angolmois,
antes después Marte reinar por felicidad."

Después de la agresión rusa y de la guerra de Occidente con los pueblos musulmanes, en la que Roma y París serán destruidas y el Papa será asesinado, la Santa Sede se trasladará a Francia. Occidente y Rusia quedarán muy debilitados e indefensos para poder combatir nuevos ataques de fanatismo religioso, encabezados por un anticristo. Esto comenzará en el año de 1999.

Centuria VIII, cuarteta 99:

"Por la potencia de los tres reyes temporales,
la Santa Sede será situada en otro lugar.
Donde la sustancia del espíritu corporal
será repuesta y recibida por verdadera sede."

La cuarteta no requiere de mayor explicación.

Centuria II, cuarteta 28:

"El penúltimo, con el sobrenombre de profeta,
cogerá a Diana como su día de reposo,
lejos vagará por cabeza frenética
y liberará a un gran pueblo de impuestos."

El templo de Diana está situado en el monte Aventino. Por otra parte, la palabra "vagará" debe interpretarse no en el sentido de caminar sin destino, sino en el latino *vaquera* que significa "no hacer nada", o "estar vacante". Con estos datos la cuarteta se interpreta así: el penúltimo Papa, que llevará el sobrenombre de Profeta, se establecerá en el monte Aventino para morir (su descanso). El trono de San Pedro quedará vacante, debido a un jefe venido de lejos, que habrá liberado a un gran pueblo de impuestos.

Centuria III, cuarteta 42:

"El niño nacerá con dos dientes en la garganta.
Piedras en Tuscia caerán con la lluvia.
Pocos años después no habrá trigo ni cebada,
para alimentar a quienes de hambre morirán."

Tuscia es el nombre antiguo de una región que hoy compone Umbría y Etruria, en Italia. El anuncio del nacimiento del anticristo irá acompañado de un diluvio de piedras que producirá una gran hambruna y mortandad.

Centuria X, cuarteta 10:

"Labor de muerte, enormes adulterios.
Gran enemigo de todo género humano,
que será peor que abuelos, padres, tíos.
En hierro, fuego, agua, sanguinario e inhumano."

Hay que recordar que el verdadero significado de la palabra adulterio *(adulterium)* es el de "comercio criminal". Dicho esto, poco hay que añadir a la figura del anticristo que preconiza el profeta.

Centuria VIII, cuarteta 77:

"El anticristo tres bien aniquilará
veintisiete años durará la guerra:
los heréticos muertos, cautivos, exiliados;
sangre, cuerpos humanos, agua enrojecida, granizo
[en tierra."

"Heréticos" es un concepto que, por extensión indica a todos aquellos que profesan opiniones distintas a las generalmente aceptadas. Con esto podemos deducir que Nostradamus profetizó que el anticristo aniquilaría tres países, en una guerra que durará veintisiete años. La sangre de los cuerpos humanos, "agua enrojecida", bañará la tierra. Podemos calcular que si el comienzo de la ruina de Occidente se inicia en 1999, la guerra que desatará el anticristo durará hasta el 2026.

Centuria VI, cuarteta 80:

"Desde Fex el reino llegará a los de Europa,
fuego su ciudad y espada cortará:
el grande de Asia tierra y mar con gran mesnada,
que azules, persas, cruz, a muerte conducirá."

En esta cuarteta, se interpretó por "azul" el vocablo original *bleux,* que no es francés sino latino, y significa "lívido"; por otra parte, se ha traducido persa por *pers,* palabra que significa "color indeterminado, entre azul y verde". Una mezcla de ambos colores da amarillo.

Así, pues, la cuarteta dice que el poder de Marruecos se extenderá a Europa, donde prenderá fuego a ciudades y degollará a los ciudadanos. Los asiáticos invadirán Europa por tierra y mar, y perseguirán a muerte a los cristianos (cruz a muerte conducirá).

Centuria V, cuarteta 54:

"De Ponte-Euxino y de la Gran Tartaria
un rey vendrá a ver la Galia.
Atravesará Alana y Armenia
y en Bizancio dejará su sangrante pabellón.

Ponte-Euxino es el nombre antiguo del mar Negro. Tartaria está dividida en dos partes: la Tartaria china, que comprende China, Manchuria y algunos otros estados o provincias, y la Tartaria independiente, que es hoy el Turkestán. Los alanos normalmente están considerados como pueblos eslavos; lo que generalmente no se especifica es que pertenecían a la zona geográfica de Sarmatia, nombre con el que antiguamente se conocía a la Rusia del norte de Europa.

Teniendo en cuenta estos datos, la traducción de la cuarteta sería: del mar Negro y de China llegará un gran jefe hasta Francia, después de atravesar Rusia y Armenia. (Este jefe) dejará su estandarte lleno de sangre en Turquía. Esta frase lo mismo puede significar que el jefe morirá en tal país, tras dejar una estela de sangre en su recorrido, o bien, que tras de hacer una matanza en Turquía, dejará ahí sus tropas y marchará hacia otro lugar.

Centuria I, cuarteta 4:

"Por el universo será hecho un monarca
que en paz y vida no será largo tiempo:
entonces se perderá la pescadora barca.
Será regida en más grande detrimento."

Dos conceptos a aclarar. Desde siempre se ha llamado a la Iglesia Católica la barca de San Pedro, o lo que es igual, la "pescadora barca". Por otra parte, detrimento es la pérdida pequeña, daño o desastre de poca categoría. Grande detrimento, por tanto, es utilizado por Nostradamus como un gran desastre.

La interpretación de la cuarteta podría ser: un gran monarca será elegido por el mundo (cristiano), pero no vivirá demasiado tiempo en paz. (Tras su muerte) llegará la desaparición de la Iglesia Católica, que en esos tiempos estará gobernada en el mayor de los desastres.

Centuria I, cuarteta 44:

"En breve volverán los sacrificios,
los opositores serán martirizados:
no habrá más monjes, abades o novicios.
La miel será más cara que la cera."

Debe recordarse que en una cuarteta anterior ya se ha hablado de la persecución de los cristianos. Teniendo en cuenta esta circunstancia, la cuarteta presente nos dice que los sacrificios volverán pronto y que quienes se opongan al poder serán martirizados. La persecución contra los que mantienen la fe en Cristo será de tales dimensiones, que jamás volverán a existir monjes, abades o novicios. La última línea de la cuarteta indica que los alimentos serán sumamente caros, es decir, que la carestía de la vida será poco menos que insoportable.

Centuria VII, cuarteta 37:

"Diez enviados, jefe de nave condenado a muerte,
por uno advertido, el ejército guerra abierta.
Confusión jefe, uno se pincha y muerde,
Leryn, baradas naves, jefes dentro de la Nerte."

En esta cuarteta se ha interpretado el vocablo *adverty* como advertido, cuando la palabra proviene del latín *adversor,* que significa opositor, contrario a... Por otra parte, la última palabra de la tercera línea se ha traducido por "muerde", cuando proviene del latín clásico *(mordrire),* que significa morir. Leryn son unas islas francesas, situadas en las cercanías del golfo de Nápoles. La palabra "baradas" corresponde al vocablo *stecades* que son otras islas francesas cercanas a las anteriores (Porquerolles, Port-Cros, Bagneaus y Levant). Nerte es una divinidad germana que simboliza a la Tierra.

La cuarteta quiere decir: diez hombres serán enviados para asesinar al Papa, pero uno de ellos se opondrá, lo que desencadenará una guerra. En la confusión siguiente, el jefe (de ese grupo) se suicidará (se pincha y muere). Los barcos atracarán en las costas varesas, y el jefe (con sus tropas) bajará a tierra.

Centuria X, cuarteta 55:

"Las desgraciadas nupcias se celebrarán
en medio de gran alegría, pero el final será desgraciado.
María madre, y nuera (las gentes) desdeñarán.
Phibe muerto, nuera muy lastimosa y muerta."

Nuera, aquí, es la Iglesia. Iglesia significa unión con Cristo: se ha dicho siempre que la Iglesia (sacerdotes, monjas, etcétera) están casados con Él. Luego la Iglesia será la nuera de la madre de Cristo. Phibe es el apócope de Phoebus, sobrenombre de Apolo, dios del sol, que es fuente de nuestra vida. La interpretación resulta así: los hombres se habrán alegrado (en algún momento) de las malas alianzas; pero esas alianzas traerán la desgracia. La Iglesia será despreciada. Muerto el sol, los demás (los que componen las iglesias, el pueblo, la gente en general) muy lastimosamente morirán.

Profecías cumplidas

Palestina

Centuria II, cuarteta 19:

> "Recién llegados a lugar construido sin defensas,
> ocupar el lugar entonces inhabitable:
> prados, casas, campos, ciudades tomar a placer.
> Hambre, peste, guerras, ardua y prolongada labor."

En esta cuarteta se habla del regreso de los judíos a Palestina, luego de la Segunda Guerra Mundial.

En efecto, los judíos llegaron a este territorio sin defensa alguna; encontraron grandes extensiones de desierto inhabitable, que transformaron en regadíos. Por otra parte, la huida de los árabes civiles proporcionó la toma indiscriminada de bienes y, como es sabido, Israel inició una época de guerras y guerrillas que todavía no ha terminado.

Irán

Centuria I, cuarteta 70:

> "Alboroto, hambre, guerra en Persia no acabada.
> La fe demasiado grande traicionará al monarca.
> Por el fin en la Galia iniciada,
> secreto augurio para una corta existencia."

La fe de los chiítas movió la montaña de la revolución persa. Esa fe tenía su origen en un exilado iraní, residente en Francia, llamado Jomeini. Por otra parte sabemos que ese fanatismo religioso derrocó (traicionó) al monarca persa y encendió la guerra irano-iraquí. El "secreto augurio", no tiene más interpretación que la rápida muerte del sha tras su exilio.

Centuria X, cuarteta 21:

"Por la resistencia del rey sosteniendo lo inferior,
será herido prestándole las armas;
el padre al hijo, queriendo nobleza inspirar,
hace, como en Persia hicieron los magos un día."

A causa de su empeño en mantener la situación de desajuste social imperante en el país, las revoluciones fueron en aumento, hasta el punto de que el sha debió utilizar su ejército contra el pueblo; sin embargo, las tropas del sha fueron derrotadas (fue herido). Dice la cuarteta que el padre quiere manifestar o inspirar nobleza al hijo y que se hace en Persia lo que ya hicieron los magos un día.

Cuando en 1967, el sha decidió coronarse emperador y coronar a la emperatriz Farah Diba, Mohamed Reza Palhevi declaró: "yo quiero dejar a mis hijos una nación joven, evolucionada y perfectamente estable, donde se impongan las técnicas y modos modernos y capaz de colaborar con todos los pueblos del mundo". ¿No es ésta una forma clara de inspirar nobleza en los hijos?

La referencia a los magos también es comprensible. Mago, para los iraníes es sinónimo de clérigo. Si se repasa la historia antigua del país, será fácil constatar que, durante siglos, el poder en el área geográfica a la que estamos refiriéndonos ha estado en manos de la clerecía. Nostradamus indicó en esta cuarteta que en Persia iba a suceder lo que ya había pasado antes: que los magos (clérigos) tomarían en sus manos las riendas de la administración del Estado.

Hitler

Centuria III, cuarteta 58:

"Cerca del Rin, de las montañas nóricas,
nacerá un grande de gentes, demasiado tarde llegado,
que defenderá Sauroma y las Panónicas
y no se sabrá lo que (con él) haya sucedido."

Nórica es, en la actualidad, parte de Baviera y Austria. Los Alpes Nóricos, a los que hace referencia la primera línea de la cuarteta, se extienden desde Salzburgo y Austria, hasta las planicies de Ordenboeurg, en Hungría. En dicha zona nació Hitler.

Sauroma es un nombre que, antiguamente, se daba a los países fronterizos con la actual Rusia, sobre todo Polonia. Panónica es el antiguo nombre de Hungría. Que la ofensiva alemana contra Rusia partió de esa zona, y que posteriormente Hitler hubo de defender los países mencionados para mantener alejado de su territorio el conflicto bélico, es un hecho. Como también lo es que ni siquiera hoy se sabe con certeza qué ocurrió con Hitler en el bunker.

Muerte de Enrique II

Centuria I, cuarteta 35:

> "El joven león sobrepasará al viejo,
> en campo de batalla por duelo singular,
> en jaula de oro los ojos le sacará
> dos clases una después de morir con muerte cruel."

Nostradamus era contemporáneo de Enrique II de Francia. Este rey quiso celebrar el casamiento de su hermana Margarita con el duque de Saboya, con un torneo de esplendor extraordinario. Durante la justa, el rey invitó al conde de Montgomery a medirse en un combate a lanza sobre caballo, sin intención de muerte y con meta máxima de derribo. La punta de la lanza del joven duque se fracturó y una de las astillas penetró por la visera del morrión de su regio contrincante, que sufrió la perforación de un ojo. El morrión (especie de jaula) era de oro.

Dos días después, tras una dura batalla con la muerte y entre horribles dolores falleció Enrique II.

Para que no falte detalle en la exactitud de la profecía, el escudo de armas de los Montgomery estaba compuesto por un león rampante.

El rey Monóculo

Centuria III, cuarteta 55:

> "En el año en que un ojo reine en Francia,
> la corte estará en situación bien turbia,
> el grande de Blois matará a su amigo,
> el reino, puesto en mal y duda, doble."

Esta historia está relacionada con la profecía anterior. El breve tiempo en que Enrique II vivió tras recibir la herida, puede considerarse como el "año en que un ojo reine en Francia". Y no hay duda, además, de que después de su muerte se inició para Francia una época de graves dificultades.

Durante el gobierno de su inmediato sucesor, Francisco II, los hugonotes comenzaron a alcanzar un poder extraordinario. Después el joven rey sufrió un desvanecimiento y falleció al mes siguiente.

A la muerte de Francisco II subió al trono —en

una época de grandes dificultades— el segundo hijo de Catalina de Médicis, Carlos IX. Este rey también murió joven, por lo que ascendió al trono el tercer hijo de la reina madre, Enrique III. Se cumplía con ello otra profecía de Nostradamus, según la cual "los tres hijos de Catalina ostentarían coronas en su cabeza".

Durante su reinado, Enrique III reunió en Blois los Estados Generales e hizo matar al duque de Guisa, a quien el rey llamaba su amigo. Este asesinato precipitó la guerra civil, y en 1589 Enrique III murió asesinado.

Asesinato de Enrique III

Centuria IV, cuarteta 60:

> "Los siete niños dejados como rehenes.
> El tercero, a su hijo engañará (o matará).
> Dos serán atravesados de estocada.
> Génova y Florencia permanecen expectantes."

En la época de Nostradamus, Francia estaba dividida por la sucesión al trono, e inmersa en la llamada Guerra de los Tres Enriques (Enrique II, Enrique III y Enrique de Guisa). Por otra parte, es preciso recordar que Catalina de Médicis había tenido diez hijos, de los que quedaron siete.

De esos siete hermanos, Enrique II quedó como rehén en España. Enrique III fue acusado de "ayudar" a su hermano a morir engañándole en los medicamentos que tomaba. De esos siete hermanos, dos murieron asesinados mediante estoques: Enrique II, y Enrique III, que sería asesinado por el fraile Santiago Clement, exactamente apuñalado. Por último, mientras todo esto sucedía, los genoveses y los florentinos comprobaban, expectantes, cómo los fervorosos sermones de los reformistas (protestantes) iban haciendo mella en la mente de sus conciudadanos.

Ejecución de Carlos I

Centuria XI, cuarteta 49:

> "Gante y Bruselas marcharán contra Amberes.
> Senado de Londres condenará a muerte a su rey.
> La sal y el vino le serán negados.
> Para ellos (él) tener el reino en desorden.

A principios del siglo XVII, Francia atacó Bélgica, mientras Inglaterra y España estaban aliadas. Los sucesores ingleses impidieron que cumplieran sus compromisos con Felipe IV de España, por lo que los franceses se hicieron del territorio.

La alusión a Carlos I es, asimismo, clara.

Nacido en 1600, sucedió a su padre Jacobo VI de Escocia y I de Inglaterra en 1625. Ese mismo año casó con Enriqueta María, hija de Enrique IV de Francia. Apenas fue proclamado rey, se vio envuelto en una serie de conflictos en el Parlamento, al punto en que se vio obligado a disolver el máximo órgano legislativo de su nación varias veces, y durante once años gobernó sin su ayuda.

Por fin, enfrentado con la revolución escocesa, convocó en 1640 el "Parlamento Largo", que planteó la grave alternativa: o el rey, o las libertades parlamentarias. Prisionero del Parlamento desde 1647 hasta su muerte, Carlos subió al patíbulo el 30 de enero de 1649.

Oliver Cromwell

Centuria VIII, cuarteta 56:

"El viejo anulado en su esperanza principal,
llegará al apogeo de su imperio.
Veinte meses conservará el reino con poderes absolutos.
Tirano cruel, que dejará tras él otro peor."

Un breve resumen biográfico de tan contradictorio personaje, nos demostrará la certera visión de Nostradamus.

Nacido en 1599 en Huntingdon, en 1628 representó a su pueblo en el tercer Parlamento de Carlos I, distinguiéndose por la virulenta defensa que hizo del puritanismo representativo parlamentario. En 1640 representó a Cambridge en los parlamentos llamados Largo y Corto, afiliándose definitivamente en el partido antimonárquico. Al estallar la guerra civil (1642), organizó militarmente su distrito en favor de la causa parlamentaria (antimonárquica) y dirigió un regimiento de caballería que se hizo famoso con el nombre de *ironside*. Venció por dos veces a los ejércitos reales. En Londres ordenó la detención del rey, su encarcelamiento, firmó su sentencia de muerte y ordenó su ejecución.

Nombrado protector de Inglaterra, inició una cruel represión contra las personas de ideología monárquica, represión que alcanzó sus máximas cotas en los diversos levantamientos fomentados desde el exterior por Carlos II.

En 1655, Cromwell, que había hecho su carrera política al abrigo de la defensa del parlamentarismo y en contra del poder absolutista real, disolvió el Parlamento, gobernando durante veinte meses como dictador absoluto. En 1657, el nuevo Parlamento organizado a su capricho, le ofreció la corona inglesa, que él rechazó... "debido a las razones políticas del momento, en la confianza de poder asumir la corona más tarde, es decir, cuando no fuera ya tan evidente y chocante la contradicción implícita en el hecho de que un republicano, tras deponer y ejecutar a su rey, ocupara su lugar".

Cromwell murió al año siguiente, dejando en el poder a su hijo, el débil Ricardo, que cumpliendo las profecías, "fue peor que él".

Ejecución de Luis XVI

Centuria I, cuarteta 57:

"Por gran discordia, la tromba temblará.
Acuerdo roto, levantando la cabeza al cielo.
Boca sangrante en la sangre nadará.
Al suelo, la cara ungida de leche y miel."

La época durante la cual Luis XVI reinaba en Francia fue una de las más brillantes. O, mejor dicho, pudo haber sido una de las más brillantes. La producción agrícola francesa estaba en excelentes condiciones, y la paz exterior era sensiblemente superior a la de épocas anteriores. ¿Qué fallaba? El abuso del poder de las clases dominantes y las intrigas cortesanas.

La riqueza de Francia estaba repartida entre muy pocas familias. Ello condujo al pueblo al hambre y a la desesperación. Las intrigas de la corte eran constantes, sobre todo en relación con su esposa, de origen austriaco. Sin embargo, Luis XVI, poco propenso a discusiones y a crear dificultades a sus cortesanos, apartó de sí la solución de tales problemas, convirtiendo su bondad en negligencia.

En 1789 el pueblo se levantó en armas y el rey fue hecho prisionero el 10 de agosto de 1792. Girondinos y montardos se disputaron los derechos a juzgarle, lo que ocasionó la gran discordia que, a la larga, terminaría con los propios revolucionarios. La cabeza del rey, que había sido ungida en la catedral de Reims, fue levantada al sol luego de ser guillotinada.

María Antonieta

Centuria X, cuarteta 17:

> "La reina Ergaste, viendo a su hija pálida,
> por un pesar en el estómago cercano.
> Gritos lamentables habrán en Angulema
> y el germano matrimonio excluido."

Ergaste proviene del latín *ergastulus,* que significa esclavo, detenido, prisionero. La reina prisionera sufrió su cautividad como presa, como esposa y como madre. Llegó a decirse que en aquellos momentos estaba embarazada. Su hija, María Teresa Carlota de Francia, acudió al palacio de Tullerías para compartir el encierro de su familia. Estaba casada con el duque de Angulema, era nuera del conde de Artis, futuro Carlos X, con lo que su línea quedó excluida de la sucesión.

Garibaldi

Centuria VII, cuarteta 19:

"El fuerte Niceno no será combatido,
sino vencido por rutilante metal.
Su hecho será por largo tiempo debatido.
Para los ciudadanos, extraño espantajo."

Niceno (Niceen) es un sobrenombre impuesto a numerosas divinidades griegas y romanas, a las que se consideraba garantes de la victoria; es decir, vencedores. Nostradamus utilizó el vocablo con una doble significación: vencedor y natural de Niza, ciudad en la que nació Garibaldi en 1808.

Las peripecias de este hombre, como es sabido, fueron extraordinarias. Patriota italiano e incansable luchador, tuvo que abandonar su patria y exiliarse en Sudamérica, donde entró al servicio de diversos Estados. Tras innumerables y desastrosos eventos, en 1854 se instaló en una granja en la isla Caprera, al noroeste de Cerdeña. Durante su vida fue herido dos veces y confinado en Spezia por el gobierno sardo.

Ciertamente, el hombre de Niza no fue combatido por sus numerosos partidarios, ni en la actualidad se pone en duda su idealismo; fue abatido, en su época, por la fuerza de las armas y, en general, las personas que no pertenecían a su partido político, le tomaron como un loco o un visionario. Como un espantajo.

Los hermanos Kennedy

Centuria VIII, cuarteta 17

"Los que más posean serán desposeídos
por los tres hermanos el mundo tendrá problemas,
sus enemigos asediarán una ciudad marina,
hambre, fuego, sangre, peste y de todos los males
[el doble."

Nostradamus nos indica en la segunda línea (por los tres hermanos) que su predicción se refiere a John, Robert y Edward Kennedy. Los Kennedy, de corriente democrática (los que más posean serán desposeídos), crearon a su muerte un verdadero caos económico; en particular tras el asesinato de John. Para ser más preciso, Nostradamus nos da en la tercera línea mayores datos: en esa época la isla de Formosa fue asediada. La cuarta línea se refiere a la tragedia de la guerra con Cuba y al conflicto en Bahía de Cochinos que lesionó considerablemente las tropas de Estados Unidos.

Centuria I, cuarteta 26:

"El grande será derribado por un rayo durante el día.
Un maligno portador imaginó el daño,
el próximo presagio anuncia caída nocturna
conflictos en Roma y Londres, pestilencia en Toscana."

Esta cuarteta se refiere a los tres hermanos asesinados y al efecto, a nivel mundial, que sus muertes provocaron.

Centuria IX, cuarteta 36:

"Un gran rey atrapado entre las manos de un joven
no lejos de Pascua confusión, cuchillada,
cautivos perpetuos, tiempo del rayo en lo alto
cuando tres hermanos sean heridos y asesinados.

La primera línea habla de John F. Kennedy y de su presunto asesino, el joven Harvey Oswald. John fue asesinado cerca de Navidad, el 22 de noviembre. Su hermano Robert fue muerto por bala (un rayo) el 5 de junio. El resto de la cuarteta no necesita de explicación.

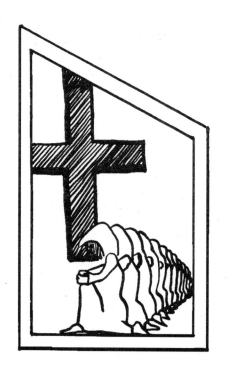

Capítulo III

El Apocalipsis

Capítulo IV

La Biblia y los judíos

La Biblia, con todas las alegorías que encierra, no manifiesta sino de una manera incompleta y velada la ciencia religiosa de los hebreos.

El libro del que hablaremos y cuyos caracteres hieráticos explicaremos es el que Guillermo Postel denomina *El génesis de Enoch*. Este último personaje existió seguramente antes de Moisés y de los profetas, y su dogma, idéntico en el fondo al de los antiguos egipcios, tenía también su esoterismo y sus velos.

Cuando Moisés hablaba al pueblo, dice alegóricamente el libro sagrado, "colocaba un velo sobre su rostro y se lo quitaba para hablar con Dios".

Ciertamente, los libros no eran escritos más que para recordar la tradición, y se utilizaban símbolos ininteligibles para que no fueran entendidos por los profanos.

El *Pentateuco* y las poesías de los profetas eran libros elementales de dogma, moral y liturgia, ya que la verdadera filosofía secreta tradicional no fue escrita sino más tarde, bajo velos menos transparentes aún.

El génesis de Enoch fue un libro incomprendido por los cristianos quienes lo calificaron, en su ignorancia, de relato absurdo. En realidad esta "segunda Biblia" es un monumento literario que reúne filosofía y religión en forma sublime. Es un tesoro rodeado de espinas llamadas pentáculos, a los que se accede a través del simbolismo de la numerología. El tres, cuatro, siete y doce son claves en el texto.

El septenario, o número siete, es un número sagrado en todas teogonías ya que se compone del ternario y del cuaternario.

El número siete representa el poder mágico en toda su fuerza. Es el espíritu, el *sanctum regnum* del que se habla en las clavículas de Salomón, y que es representado en el tarot por un guerrero coronado que lleva un triángulo sobre su coraza y está parado sobre un cubo. En el cubo aparecen dos esfinges, una blanca y la otra negra, que tiran en sentido contrario y vuelven la cabeza, mirándose. Este guerrero está armado de una flameante espada y tiene en la otra un cetro que lleva encima un triángulo y una esfera. El cubo es la piedra filosofal. Las esfinges significan las dos fuerzas del gran agente Jakin y Bohas y corresponden a las dos columnas del templo. La coraza es la ciencia de las cosas divinas que hace al sabio invulnerable a los ataques humanos; el cetro es la banqueta mágica, y la espada flamígera es el signo de la victoria sobre los vicios, que en número son siete, igual que las virtudes. Las ideas de estas virtudes y estos vicios estaban figuradas, por los antiguos, bajo el símbolo de los siete planetas entonces conocidos.

El binario

"La revelación es el binario, todo verbo
es doble y supone por consiguiente: dos."

En el *Apocalipsis* de San Juan se habla de dos testigos o mártires a los cuales la tradición profética da los nombres de Elías y Enoc.

Elías es el hombre de la fe, del celo y de los milagros; y Enoc es el mismo a quien los egipcios llamaron Hermes, y a quien los fenicios adoraban con el nombre de Cadmo. Es el autor del alfabeto sagrado y de la llave universal, de las iniciaciones al verbo, el padre de la Cábala y aquel que, según las alegorías santas no ha muerto como los demás hombres, sino que ha sido llevado al cielo para volver al final de los tiempos. Esta resurrección será la renovación de su doctrina por la inteligencia de las claves cabalísticas que abren el templo de la unidad y de la filosofía universal, demasiado tiempo oculta y reservada solamente a los elegidos que el mundo hace morir.

La cruz

A través de la cruz la profecía cristiana contiene una cuádruple revelación:

1. Caída del mundo antiguo y triunfo del evangelio bajo el primer acontecimiento.
2. Gran apostasía y venida del anticristo.
3. Caída del anticristo.
4. Triunfo definitivo del Evangelio, o segundo acontecimiento designado con el nombre de Juicio Final.

Esta cuádruple profecía contiene, como puede verse, dos afirmaciones y dos negaciones. La idea de dos ruinas o muertes universales y de dos renacimientos. De la misma manera, a toda idea que aparece en el horizonte social se le puede asignar, sin temor de incurrir en el error, un oriente y un occidente, un cenit y un nadir.

"Así es como la cruz filosófica es la llave de la profecía, y así es como se pueden abrir todas las puertas de la ciencia con el pentáculo de Ezequiel, cuyo centro es una estrella formada por el cruzamiento de dos cruces."

La piedra filosofal

Los inquisidores que durante siglos declararon una guerra de exterminio contra la magia, sólo lograron cubrir de tinieblas los descubrimientos del espíritu humano, de tal modo que hoy marchamos tanteando para volver a encontrar la clave de los fenómenos de la naturaleza.

Ahora bien, todos los fenómenos de la naturaleza dependen de una sola e inmutable ley, representada por la piedra filosofal, específicamente por su forma simbólica que es el cubo.

Esta ley, manifiesta en la Cábala por el cuaternario, había suministrado a los hebreos todos los misterios de su tetragrama divino. Puede por tanto decirse que la piedra filosofal es cuadrada en todos los sentidos, como la Jerusalén celeste de San Juan, y que en un lado lleva escrito el nombre de Dios; sobre una de sus fases está el nombre de Adán, sobre la otra, el de Eva, y los de Azoe e INRI, sobre los otros dos lados.

A la cabeza de una traducción acerca de la sal filosófica se ve el espíritu de la Tierra parado sobre un cubo de sal y azufre al que recorren lenguas de fuego. Dicho espíritu es el Azoe de los sabios y tiene por falo un cadúceo. El sol y la luna están colocados respectivamente a su derecha e izquierda. Es barbudo, está coronado y tiene un cetro en la mano.

Esta imagen a veces se muestra acompañada por la cabeza simbólica del macho cabrío de Mendés, llamado Baphomet por los templarios. Es el macho cabrío del sabbat, que también aparece como el verbo creador de los gnósticos. Imágenes todas ellas extrañas que sirvieron para asustar al vulgo, después de haber servido para hacer meditar a los sabios. Jeroglíficos del pensamiento y de la fe, que después sirvieron de pretexto a los furores de las persecuciones.

666. *El número de la Bestia*

El número 11 de las letras de la palabra Abracadabra es el resultado de la suma de la unidad del iniciado y el denario de Pitágoras. En forma similar, el número 66, resultado de todas las letras adicionadas, forma cabalísticamente el número 12, que es el cuadro del ternario, y por consiguiente la cuadratura mística del círculo.

Es importante advertir que al escribir la clavícula de la Cábala, San Juan, el autor del *Apocalipsis* compuso el número de la Bestia, es decir la idolatría, agregando un 6 al doble denario del Abracadabra, lo que da cabalísticamente 18, número asignado en el tarot al signo de la noche y de los profanos:

la luna con las torres, el perro, el lobo y el cangrejo. Este número misterioso tiene por clave cabalística el nueve, el número de la iniciación.

El cabalista sagrado dice expresamente a este respecto que "aquel que tenga la inteligencia —es decir la clave de los números cabalísticos—, podrá calcular el número de la Bestia, porque ése es un número de hombre y ese número es 666".

666 es, en efecto, el producto del denario de Pitágoras, multiplicado por sí mismo, más el pentáculo triangular del Abracadabra, y por tanto, el resumen de toda la magia del antiguo mundo, el programa entero del genio humano, que el genio divino del Evangelio quería absorber o suplantar.

La trinidad

El doble triángulo de Salomón está aplicado por San Juan de una manera notoria. Hay —nos dice— tres testigos en el cielo: el Padre, el Logos y el Espíritu Santo, y tres testigos en la tierra: el soplo, el agua y la sangre.

San Juan, de este modo, parece estar de acuerdo con los maestros de la filosofía hermética que dan al azufre el nombre de éster, al mercurio el nombre de agua filosófica y a la sal el calificativo de sangre del dragón o de monstruo de la tierra. La sangre o la sal corresponden, por oposición, al Padre; el agua zodiacal o mercurial al Verbo o Logos, y el hálito simboliza al Espíritu Santo.

"Pero las cosas de alto simbolismo no pueden ser bien entendidas más que por los verdaderos hijos de la ciencia."

Una estrella llamada Ajenjo

La estrella alegórica que guía a los Reyes Magos hasta Belén se dibuja por un misterioso pentagrama, y esos tres reyes, hijos de Zoroastro, conducidos por

la flamígera estrella hasta la cuna de Dios, demuestran los orígenes esenciales cabalísticos y verdaderamente mágicos del dogma cristiano.

Uno de esos reyes es blanco, otro negro y moreno el tercero. El blanco ofrece oro, símbolo de vida y de luz; el negro, dota a Jesús de mirra, imagen de la muerte y de la noche; en tanto que el tercero, el moreno, presenta como ofrenda incienso, emblema de la divinidad y del dogma conciliador de los dos principios.

El hecho de que estos reyes regresen a sus países por otro camino, demuestra la necesidad de un nuevo culto, vale decir, una nueva ruta que conduzca a la humanidad. Esta nueva religión será la del ternario sagrado del radiante pentagrama.

En el *Apocalipsis,* San Juan ve esa misma estrella caer del cielo a la tierra. Luego habla del ajenjo que convertirá todas las aguas en amargura. Ésta es una imagen resaltante de la materialización del dogma que produce fanatismo y amargas controversias.

Es de hecho al cristianismo a quien dirige estas palabras de Isaías: "¿Cómo has caído tú del cielo, estrella brillante, que eras espléndida en tu nacimiento?"

Pero el pentagrama profanado por los hombres brilla siempre sin sombra en la mano derecha del Verbo, y la voz que inspira a San Juan promete a aquel que venza la posesión de esa estrella. (Rehabilitación sublime prometida al astro de Lucifer.)

Las profecías

Las divulgaciones gnósticas, por ejemplo, alejaron de la Iglesia cristiana las altas verdades de la Cábala, que contienen todos los secretos de la teología trascendental. Así, los ciegos se convirtieron en lazarillos de otros ciegos y se produjeron grandes oscurecimientos, grandes caídas y deplorables escándalos. Posteriormente, los libros sagrados, cuyas claves son esencialmente cabalísticas, desde el *Génesis* hasta el *Apocalipsis,* se hicieron de tal modo ininteligibles para los cristianos, que los pastores tuvieron, con razón, que prohibir su lectura a los sencillos fieles.

La clave del Apocalipsis

Los cinco libros de Moisés, la profecía de Ezequiel y el *Apocalipsis* de San Juan son los tres pilares cabalísticos de todo el edificio bíblico.

Las esfinges de Ezequiel, idénticas a las del santuario y del arca, son una cuádruple reproducción del cuaternario egipcio. Sus ruedas, que giran las unas dentro de las otras, son las esferas armónicas de Pitágoras. El nuevo templo del que se dan las medidas cabalísticas corresponde en medidas al tipo de edificaciones de la masonería primitiva.

San Juan, en su *Apocalipsis,* reproduce las mismas imágenes y los mismos números, y reconstruye el mundo edénico en la nueva Jerusalén. Sólo que en su versión, en el manantial de los cuatro ríos, el Cordero ha remplazado al árbol misterioso.

La iniciación por la sangre y el trabajo se ha verificado, y ya no hay templo, porque la luz de la verdad se ha esparcido por todas partes y el mundo se ha convertido en templo de justicia.

Este hermoso sueño final de las santas escrituras, esta utopía divina, ha sido el escollo de todos los antiguos heresiarcas y de un gran número de ideólogos modernos.

La emancipación simultánea y la igualdad absoluta de todos los hombres supone la cesación del progreso y, por consiguiente, de la vida. En la Tierra de los iguales no puede haber ni ancianos ni niños. El nacimiento, lo mismo que la muerte, no podrían admitirse. Esto es suficiente para probar que la nueva Jerusalén no es de este mundo, que es el paraíso primitivo, en donde no debía conocerse ni el bien ni el mal, ni la libertad, ni la sucesión de generaciones, ni la muerte. Es por tanto la eternidad que empieza y concluye el ciclo de nuestro simbolismo religioso.

Las figuras, tan extravagantes en apariencia, que presenta el *Apocalipsis* de San Juan, son representaciones difíciles de entender, como lo son las mitologías orientales, y pueden encerrarse en una serie de pentáculos.

El iniciador, vestido de blanco, de pie entre los siete candelabros y en cuya mano están las siete estrellas, representa el dogma único de Hermes, y las analogías universales de la luz.

La mujer, vestida de sol y coronada por doce estrellas es la isla celeste, es la gnosis en que la serpiente de la vida material quiere devorar al hijo, pero toma las alas de un águila y se escapa al desierto. Ella simboliza la protesta del espíritu profético contra el materialismo de la religión oficial.

El ángel colosal, cuyo rostro es un sol, su aureola un arcoiris, su vestido una nube y sus piernas las dos columnas del templo masónico Jakin y Bohas, está representado por un cuerpo velado por una nube de entre la cual sale una mano que sostiene un libro. Es la esfera de Jezirah o de las pruebas iniciáticas. La cabeza solar, coronada del septenario luminoso es el mundo de Aziluth o de la revelación perfecta. (En verdad no puede uno dejar de asombrarse de que los cabalistas hebreos no hayan reconocido y divulgado ese simbolismo tan inseparable y estrechamente ligado a los más elevados misterios del cristianismo, al dogma secreto, pero inevitable, de todos los maestros de Israel.)

La bestia de las siete cabezas es, en el simbolismo de San Juan, la negación material y antagónica del septenario luminoso. La prostituta de Babilonia corresponde a la mujer revestida de sol. Los cuatro caballeros del *Apocalipsis* son análogos a los cuatro animales alegóricos. Los siete ángeles, con sus siete trompetas, sus siete copas y siete espadas, caracterizan lo absoluto de la lucha del bien contra el mal, por la palabra, por la asociación religiosa y por la fuerza.

Así los siete sellos del libro oculto son sucesivamente levantados, y la iniciación universal se verifica.

Los libros

La imprenta, a través de la extensión de la palabra, es un instrumento admirable para formar una cadena mágica.

Efectivamente, ningún libro se pierde. Los escritos van siempre donde deben ir, y las aspiraciones del pensamiento cobran vida por la palabra.

Los profetas que relatan sus experiencias afirman que: "Los más raros libros se ofrecían a nuestra vista sin investigaciones por parte nuestra, en cuanto se nos hacían indispensables". Así es como hemos encontrado intacta esta ciencia universal que muchos eruditos han creído sepultada bajo sucesivos cataclismos. Así es, también, como hemos penetrado en la gran cadena mágica que comienza con Hermes o con Enoc, para no terminar más que con el mundo. Por los libros podemos invocar al espíritu de Apolonio, Plotino, Nostradamus, Paracelso, Cardán, Cornelio, Agripa y tanto otros, más o menos conocidos, pero demasiado célebres para que se les nombre de paso. Nosotros continuaremos su gran obra, y otros proseguirán después de nosotros. Pero ¿a quién será dado el terminarla?

La revelación

"Apocalipsis" significa revelación. El objetivo de ésta es el enjuiciamiento de Dios sobre el mundo.

Con ello, no pretendió el profeta Juan satisfacer la curiosidad, que tampoco Jesucristo quiso allanar cuando los discípulos le preguntaron si restauraría el reino de Israel, y él contestó: "No os toca a vosotros averiguar los tiempos y momentos que el Padre se ha reservado, pero recibiréis el Espíritu Santo y seréis mis testigos en Jerusalén, en toda Judea y en Samaria, y en todos los confines de la Tierra".

Juan, con su *Apocalipsis,* viene a confirmar el testimonio de su maestro. Jesucristo al despedirse de sus discípulos les había dicho: "En el mundo sufriréis grandes aprietos, pero tened fe, porque yo he vencido al mundo, y por mí vosotros también venceréis".

El *Apocalipsis* aspira a ser una exaltación de estas palabras. Juan desempeña así el mismo oficio que Pablo atribuye a los profetas del Nuevo Testamento: "Edificar, exhortar y consolar".

El título griego de este libro: *Apocalipsis,* sirvió

para designar un género literario especial, que no es exclusivo de la obra de Juan. El género apocalíptico es un género profético, aunque un poco diferente al género común de los profetas del Antiguo Testamento. Éstos miran los pecados presentes del pueblo y los reprenden. Las calamidades presentes y futuras les sirven para demostrar la justicia divina e infundir el temor que el mismo Yahvé se proponía infundir con las teofonías del Sinaí.

El tipo de profeta del género apocalíptico posterior es un hombre de su tiempo que habla a sus contemporáneos. Su lenguaje surge de la realidad misma, vista con mirada viva y penetrante.

El género apocalíptico de Juan, en cambio, quiere desligarse del presente para trasladarse a las edades futuras. Pero en realidad, el profeta no puede desligarse de la época en la cual escribe y donde pretende ejercer su influencia. El estilo es alegórico y en él abundan las visiones en las que todos los elementos de la naturaleza entran en acción, siendo los ángeles los directores del movimiento escénico.

Hay también intentos de precisión cronológica y se emplean cifras aritméticas con valores simbólicos.

Sus imágenes y visiones están tomadas de los libros del Antiguo Testamento. La mayoría de los elementos de expresión que Juan utiliza son fórmulas de la historia sagrada de los profetas y de los salmos.

Recordemos que otro profeta, Pablo, nos muestra (Epístola de los Tesalonicenses) cuán grande era la expectación de la segunda venida de Jesús a la Tierra (Parusía). Por otra parte, Jesucristo, instruyendo a los apóstoles, predijo la suerte que les estaba reservada a ellos y a sus discípulos: persecución y muerte violenta. La realidad vino a confirmar estas predicciones. Pero las persecuciones se prolongaron y la victoria del cristianismo parecía cada vez más lejana, sobre todo cuando, después de los judíos, Roma se declaró enemiga de los cristianos, y al culto de Cristo, opuso el culto a los señores del mundo: Roma y sus césares.

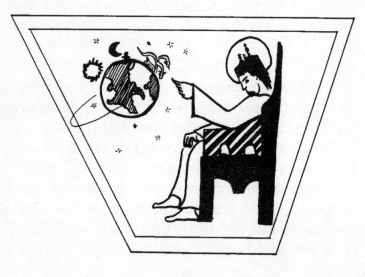

Se necesitaba una fe sin igual para no desfallecer a la vista de una lucha tan desigual. ¿Qué podían hacer los cristianos, escasos en número, con la opinión pública en su contra? ¿Cómo luchar contra un imperio poderosamente organizado, con el apoyo de todas las demás religiones y sabios del momento? Tal vez Juan, al escribir su *Apocalipsis* y al presentarse como el último apóstol y general de los ejércitos del Cordero, había pensado que sus palabras fortificarían la fe.

En el *Apocalipsis* nos dice Juan que, en la lucha, Dios y su Cordero (Rey de reyes y Señor de señores) combatirían por una parte y por otra el dragón y sus satélites: el falso profeta, la bestia y los reyes de la tierra aliados a ella. El número y poder de los últimos sería grande y mayor aún la rabia que los animaría. La lucha sería fiera, pero la victoria no podría ser dudosa. A la victoria seguirá el juicio de Dios que dará a cada uno lo que corresponde según sus obras. Tal es someramente el tema del *Apocalipsis*.

La doctrina y el Apocalipsis

La doctrina no es otra cosa que la revelación de Jesucristo. Así podríamos llamar al *Apocalipsis:* el evangelio de la resurrección y, por consiguiente, el evangelio de los triunfos y de las esperanzas.

Como la forma literaria del escrito de San Juan fue tomada del Antiguo Testamento, es a éste al cual debe acudir el lector para entender el sentido material de tantas imágenes y figuras, y penetrar luego al sentido íntimo que el profeta les atribuye. Bajo la influencia de los antiguos profetas, y acaso en un origen más antiguo y pagano, debemos interpretar a Juan.

Para interiorizarnos más en el *Apocalipsis* de Juan no estaría de más compararlo con alguno de los profetas anteriores, con los cuales parece tener mayor semejanza. Tomemos, por ejemplo, la última visión de Daniel. Comienza el profeta presentándonos una lucha entre el ángel de Grecia y el de Persia. Miguel, jefe del pueblo santo interviene en favor del primero. Esta lucha representa la caída del imperio persa que será sustituido por el de Alejandro. A éste sucederán los diádocos y una larga lucha entre los tolomeos de Egipto y los seléucidas de Siria, cuyos pormenores nos cuenta el profeta con la precisión de un historiador, hasta venir a parar en Antíoco y en las profanaciones de Jerusalén, que son el término de todos los vaticinios de Daniel. Después de estos males, y como proyección de ellos en el futuro el profeta ve otro tiempo de angustia y otro Antíoco que levantará contra el pueblo "elegido" otra persecución más fiera, la cual tendrá también su fin. Entonces se alzará Miguel, el príncipe grande y será tiempo de angustia, como no lo hubo desde que hay gente en el mundo. En aquel tiempo serán liberados todos los que se hallaren inscritos en el libro, y la muchedumbre de los que duermen en el polvo de la tierra despertará, unos para la vida eterna, otros para el infierno.

Aquí podemos distinguir tres tiempos: la preparación que llega hasta Antíoco, las persecuciones de éste, y el fin de la visión con la mayor de las persecuciones. También tenemos un largo discurso de Jesucristo, el cual nos hace pensar que en alguna forma conocía todo el futuro de la historia del mundo. Ateniéndose a la forma de los profetas, y usando un lenguaje apocalíptico poco usual en su predicación al pueblo, Jesucristo insiste en los peligros que acechan a sus discípulos y en la próxima ruina de Jerusalén, que sucederá antes de que "la presente generación pase". Éste era un suceso de gran importancia en el destino de la humanidad, que a los apóstoles les importaba mucho conocer.

Después de esa advertencia pasarían varios siglos antes de que se nos hablara de los postreros días del mundo, del juicio y la resurrección. Sobre la historia de la humanidad entre las naciones, y sobre el tiempo de la segunda venida, Jesús no nos da ningún detalle.

Estructura del Apocalipsis

Podemos distinguir tres partes:

a) Introducción.
b) Cuerpo de la obra.
c) Conclusión.

El principio de la obra contiene la visión de Jesucristo y las epístolas a las siete iglesias. El resto de la obra es lo que forma propiamente el *Apocalipsis,* cuyo plan es el siguiente:

a) Descripción del juez soberano y de su corte.
b) Apertura de los siete sellos por el Cordero y despliegue en el cielo de las fuerzas de Dios.
c) Las siete trompetas, o sea, la acción de esas fuerzas sobre el mundo antiguo.
d) La encarnación del Hijo de Dios y las encarnaciones del dragón.
e) Los primeros anuncios del juicio sobre Roma.
f) Las siete copas de la cólera sobre Roma.
g) Último anuncio del juicio sobre Roma.
h) La derrota de Roma y sus consecuencias.
i) El milenio y la batalla contra Gog y sus consecuencias.
j) La nueva Jerusalén.

En este cuadro podemos distinguir cuatro tiempos: el pasado, que abarca la historia antigua y sirve de argumento para probar la intencionalidad del autor; el presente, que involucra la aparición del Mesías, con sus consecuencias en el futuro próximo, en que el profeta ve la conclusión de la lucha actual; el milenio, es decir, la paz después de las luchas que amenazan, y el fin lejano, que viene después del milenio, con la victoria sobre el dragón y la restauración integral de todas las cosas.

Interpretación del texto

Era por los años 96 o 98 del siglo primero. Juan, el último representante de los doce y por esto "el más estimado", había sido desterrado por Domiciano a la isla de Pathmos, cerca de la costa occidental del Asia Menor, frente a Mileto.

Allí recibió la inspiración de escribir el *Apocalipsis* y de dirigirlo a las siete iglesias de la provincia proconsular de Asia. Tal es el testimonio de la tradición cristiana, representada por Clemente de Alejandría, Orígenes y San Jerónimo.

La historia de la interpretación del libro sería larga de narrar; por una parte el deseo de novedades, y por otra, la ignorancia acerca del carácter literario del *Apocalipsis*, han sido causa de no pocas cavilaciones.

Trasladarnos a la época de Juan y preguntarnos por las necesidades de sus destinatarios, facilitaría la inteligencia general del libro; sin embargo, es probable que no pocos detalles queden para siempre en la oscuridad.

La clave de las doctrinas herméticas

El *Apocalipsis* está escrito en forma simbólica y desarrolla un plan simétrico, perfectamente estudiado, hasta alcanzar la finalidad que anuncia desde el comienzo, la cual en términos generales es la de demostrar al hombre el camino de su perfección y hacerle conocer su propia naturaleza. Tanto para lo primero como para lo segundo, el autor se vale de imágenes sabiamente escogidas y de valores cabalísticos que declaran, por la suma de las letras que componen cada palabra, lo que la imagen es y lo que significa.

Su argumento y desarrollo es, en síntesis, el siguiente:

El autor, desterrado en Pathmos, saluda a las siete iglesias de Asia y les anuncia la misión que cada una ha de cumplir, reprochando lo malo y dando sabios consejos por lo bueno.

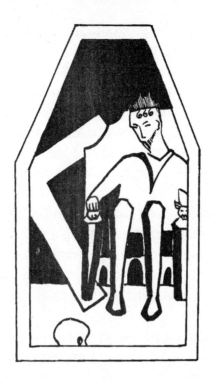

Iluminado por poderes superiores, le es permitido contemplar el Alfa y el Omega, que es lo primero y lo último, y, transportado en espíritu al cielo, ve al Eterno en su trono y oye los cantos que le alaban por los siglos de los siglos. A medida que el Divino Cordero abre los siete sellos que cierran el gran libro, San Juan entra en conocimiento de lo que vendrá a través de escenas que han de formar la realidad del futuro.

Cada escena es presentada en una maravillosa sucesión de imágenes en la que desfilan los crímenes y castigos de la humanidad. Después de estas descripciones, Juan asiste al juicio final y ve descender del cielo la Nueva Jerusalén, en la que Dios habitará entre los hombres y habrá eterna gloria y vida inmortal. Finalmente, recibe el testimonio de Cristo de que los sucesos que ha visto son la verdad y han de cumplirse.

Consideradas las visiones que forman el *Apocalipsis* como alegorías en que han sido cifrados determinados acontecimientos ¿qué hay en lo escrito que autorice a suponer que se trata más bien de un libro de doctrinas herméticas que de historia o predicción?

El *Apocalipsis* fue escrito originalmente en griego, idioma en que cada letra tiene una valor numérico y, por lo tanto, cada palabra es, al mismo tiempo, grafía que representa una idea y conjunto de números que indica una cantidad.

La clave para interpretar lo escrito la da el mismo Juan, al decir: "Aquí hay sabiduría. El que tenga entendimiento cuente el número de la bestia; porque es el número del hombre, y el número de ella es 666".

Computado el valor de los nombres con que San Juan distingue las principales alegorías de que se sirve en sus escritos, varios investigadores hallan la siguiente relación:

* Luz del mundo (planetas regentes)
* La blanca cabellera de Kronos (Saturno)
* Los ojos flamígeros de Zeus (Júpiter)
* La aguda espada de Arés (Marte)
* La cara resplandeciente de Helios (Sol)
* La diadema y el cinturón de Afrodita (Venus)
* Los veloces pies de Hermes (Mercurio)
* La voz susurrante de Selene (Luna)

* Número de la bestia (Centros vitales)
* Ho Higón   1,000 (El vencedor)
* Epistemón   999 (Subconciencia)
* Iesosus   888 (Superconciencia)
* Stauros   777 (La cruz, elemento redentor)
* He Pheren   666 (Mente del instinto y de los apetitos)
* Epithumia   555 (Deseo)
* Speiréma   444 (Fuego serpentino)
* Akrasia   333 (Sensualidad)

Aunque en la anterior relación de correspondencias hay ocho centros vitales y solamente siete planetas, el mismo San Juan explica la diferencia al decir que "la bestia era, y no es. Es también del octavo, y es de los siete, y va a la perdición". Con esto se establece una perfecta reciprocidad entre el mundo y el hombre, ambos regidos en lo natural por el número siete, y en lo intelectual por el diez. Ambos polos están supeditados al flujo y reflujo de fuerzas superiores que los van llevando paso a paso, hasta su final liberación, representada en el *Apocalipsis* por la Nueva Jerusalén, en la que —según el profeta— "la muerte no será más; y no habrá más llanto, ni clamor, ni dolor".

De acuerdo con los estudiosos, que ven en San Juan un maestro de doctrinas herméticas, todas las imágenes de que se vale en su exposición tienen su equivalencia en la simbología de esas doctrinas. Entre esas imágenes citamos las siguientes:

- Las siete lámparas ante el trono, en los siete centros de iluminación.
- Las siete iglesias de Asia, en las siete virtudes.
- Las siete visiones de asolación, en los siete vicios.
- Los siete sellos que cierran el libro, en los siete centros vitales.
- Las siete trompetas anunciadoras, en las siete notas musicales.
- Las siete copas de perfume, en los siete colores.
- Las siete cabezas de la bestia, en las siete pasiones.

- Las doce puertas de Jerusalén, en los doce signos zodiacales.
- Los doce fundamentos del mundo, en los doce meses del año.
- Las doce piedras de los cimientos, en las doce sales biológicas.
- Los doce ángeles que guardan las puertas, en las doce horas astrales.
- Las doce tribus, en los doce nativos.
- Las doce perlas que forman las puertas, en las doce casas de la natividad.
- Los doce nombres de las puertas, en las doce misiones que cumplen las casas.
- Los veinticuatro ancianos ante el trono, en las veinticuatro letras del alfabeto griego.
- Los diez cuernos del dragón que arrastran las estrellas, en los diez números.
- La espada de dos filos que sale de la boca del Cordero, en la palabra hablada.
- El Cordero redentor, en la conciencia humana.

Los datos de este informe fueron extraídos del *Anuario Teosófico KIER* (1973).

Elucubraciones apocalípticas

El anticristo

Entre las especulaciones que se han realizado alrededor del número de la bestia apocalíptica (666), resalta la interpretación que a este número da el argentino Hugo Wast en una parte de su libro *El sexto sello*.

Según este ensayo, las siete cabezas de la bestia son siete reyes (o sea siete naciones). De ellas, cinco habían desaparecido potencialmente en los tiempos del apóstol. Aludía sin duda a las cinco naciones perseguidoras del pueblo de Israel: egipcios, asirios, medos, persas y griegos.

La sexta nación, el imperio romano, existía aún cuando San Juan escribió el *Apocalipsis*.

La séptima se cree que es el imperio islámico, que a esas fechas no había llegado y que según la predicción era necesario que durara poco. En efecto, el islamismo fue fundado como secta religiosa en el siglo VII, pero se constituyó como potencia política (imperio) hasta el siglo XV, para casi desaparecer en la guerra mundial.

Cuando San Juan escribe: "Y vi una de esas cabezas como herida de muerte. Pero esa llaga fue curada y toda la tierra asombrada siguió a la bestia", ¿a qué nación se refiere? ¿Cuál es ese imperio, casi muerto, que hacia el fin de los tiempos, por obra del dragón, renace a la vida? Ninguno de los cinco primeros, que no existían en los tiempos de San Juan; ni el imperio romano, que no fue herido solamente, sino que desapareció por completo, según lo demuestra la historia.

Podemos interpretar que se trata del Islam que, como potencia política, después de 1918 pareció herido de muerte, pero que ahora, a la manera de un león que ha dormido siglos sobre la arena de sus desiertos, da señales evidentes de que está por despertar.

Lo más probable es que la humanidad no tarde en ver reconstruido el poderoso imperio de Mahoma II, aquel soberano que dibujó la media luna en su bandera acompañada de la leyenda latina: *donec impieatur,* para expresar que su ambición no se contentaría hasta que su símbolo fuese la luna llena. Esto es, hasta que dominara al mundo.

La profecía que alude a un Papa en esa época con el lema de *medietate luna* concuerda con el anuncio apocalíptico de una de las cabezas de la bestia anticatólica "herida de muerte" que se recobra, y que puede ser el imperio restaurado de la media luna.

Más aún, coincide con el misterioso nombre del anticristo, cuyo nacimiento no puede estar lejano: "Ya hemos oído hacia la parte de Dan el relincho de sus caballos" (*Jeremías* VIII, 16).

En efecto, cuando el *Apocalipsis* anuncia al anticristo, afirma que sus adeptos llevarán su marca en la mano o en la frente. Esta marca será una cifra equivalente a su nombre: "El que tenga inteligencia calcule el número de la bestia, porque es un número de hombre, y su número es 666 (*Apocalipsis* XIII, 18).

¿Qué quiere decir esta cifra que el apóstol entrega a nuestras conjeturas, provocándonos a buscarle un sentido? He aquí uno que podríamos hallarle:

El *Apocalipsis* fue escrito en griego, lengua en la cual algunas letras tienen valor numérico y representan una cifra.

La M vale 40; la A vale 1; la O vale 70; otra vez la M, 40; la E vale 5; la T vale 300; la I vale 10; la épsilon vale 200.

Las ocho letras en el orden indicado dicen MAHOMA en griego, y sus equivalentes aritméticos suman la misteriosa cifra del *Apocalipsis:* 666.

¿Qué extraño, pues, que en la Edad Media se llegara a creer que Mahoma fuese el anticristo? La historia desvaneció luego una interpretación que ahora recobra toda su importancia ante los sucesos contemporáneos.

Si el anticristo no fue Mahoma I ni Mahoma II, podría muy bien ser Mahoma III, señor del oriente y la mitad de África, con centenares de millones de súbditos.

Nostradamus y Marshall McLuhan

"Nostradamus ve en el futuro", dicen los que creen en las centurias escritas por el astrólogo.

"Ve el destino de Enrique II y de Carlos I; de Napoleón y del Zar Nicolás II."

"Ve también el advenimiento de Hitler, los hornos de Auschwitz, el fin de Mussolini, la victoria de los angloamericanos en la Segunda Guerra Mundial, la bomba atómica, la vieja Europa invadida por los ejércitos del tercer mundo."

"Ve también los descubrimientos de la ciencia y de la técnica, del telégrafo al cinematógrafo, del arco voltaico al submarino y al reactor atómico."

Y ve el fin del mundo en un año típico de las predicciones, el año 1999. "Poco antes de este año, el último pontífice de la Iglesia Católica, Pedro II, será asesinado junto con los miembros del Vaticano, en una ciudad bañada por dos ríos, en la estación de las rosas."

Por otro lado, y aparentemente en forma desconectada, tenemos la opinión del autor de *El medio es el mensaje*, Marshall McLuhan, "astrólogo de las computadoras" de este siglo:

"La verdadera guerra, la guerra total, es hoy una guerra de información. La libran los sutiles mecanismos informativos eléctricos... en frío y sin cesar."

"La guerra fría es el verdadero frente de guerra... un entorno que lo rodea todo... constantemente... en todas partes."

"Cuando en esta época son necesarias las guerras

calientes, las libramos en las trastiendas del mundo, con las técnicas antiguas. Esas guerras son *happenings,* juegos trágicos."

"No resulta adecuado ni conveniente usar las técnicas más recientes para combatir, porque esas técnicas han despojado a la guerra de sentido."

"La bomba de hidrógeno es el signo de admiración de la historia. Le pone término a una antiquísima sentencia de violencia manifiesta."

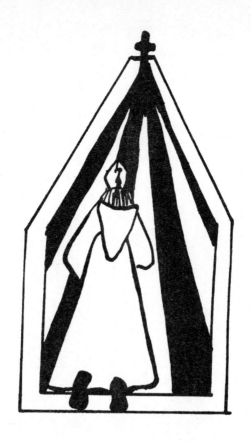

Capítulo IV

¿Existe sólo un Dios?

Las luchas ideológicas iniciadas con la Revolución Francesa, durante los últimos años del siglo XVIII, tuvieron como víctima principal a la Iglesia. No hubo brote de rebelión, choque o motín que no arremetiera contra la institución religiosa, como si se tratase de una conspiración universal destinada a derribar los cimientos de lo que, hasta entonces, había sido, aunque fuera en teoría, el poder absoluto sobre el cielo y la tierra.

La historia no perdona. Los hombres no olvidan. La Iglesia se había opuesto siempre al avance del progreso, a la evolución de las ideas, a la técnica y el pensamiento evolutivo. La Iglesia era, pues, el símbolo que convenía derribar. Y la ciega ira del pueblo se lanzó, siempre que pudo, contra aquel símbolo que se oponía a su libertad, a su cambio de situación, que las oligarquías en su egoísmo habían convertido en intolerable.

En el juego de los intereses humanos han existido todo tipo de alianzas, de lo más absurdas y extrañas que puedan concebirse. Pero estas alianzas sólo responden u obedecen al deseo de supervivencia, ya que hemos sido testigos de enemigos irreconciliables que se han aliado para poder seguir viviendo. Y de hecho, el comunismo nunca eliminó al cristianismo, a pesar de haber detentado el poder en la Unión Soviética, y haber ordenado cerrar todas las iglesias y enviar a Siberia a todos los cristianos. Esos métodos, por drásticos y efectivos que parezcan, no han dado jamás resultado alguno. La Iglesia también ha enviado a la hoguera a los herejes durante siglos y el ateísmo no ha dejado de existir.

La verdad innegable es que el hombre, a medida que avanza en las conquistas tecnológicas, dominando el medio en que vive, alcanzando logros espectaculares en la medicina o en la astronomía, ha ido perdiendo, poco a poco, los sagrados conceptos del espíritu. Se podría decir que Satanás actúa con generosidad, comprando almas a cambio de bienestar.

Día a día se vuelve a confirmar que los conceptos del bien y del mal radican dentro de nosotros mismos, pero ello no es impedimento para que el hombre viva sometido a terribles y angustiosas dudas espirituales.

Así como sucedió con el poderío napoleónico, los grandes imperios han ido cayendo y las conciencias se han visto sacudidas. En nuestro siglo, las masas aletargadas parecieron despertar para cuestionar su existencia, acelerando con ello nuevas corrientes del pensamiento. Los focos de rebelión se extendieron como el fuego. El fuerte utilizando armas para conquistar, el débil defendiéndose con piedras y palos. Así fue como irrumpió el siglo XX en la historia. Pero la lucha ha sido la misma de todos los tiempos: mayor salario, mejores condiciones de vida, mayor participación en la administración pública.

Mientras la vieja Europa se desmembraba, la nueva América adquiría pujanza, gracias a la emigración de hombres de todos los pueblos que aspiraban a establecer el nuevo orden en los países libres del Nuevo Continente.

Rivalidades, rencores, odios, resentimientos, egoísmos y nuevas banderas se enarbolaron en fábricas, calles, y ante los palacios de una aristocracia debilitada. La Gran Guerra dejó en la ruina a la mayoría de los países, pero enriqueció a otros. Muchas personas se dieron cuenta que con la Revolución Francesa se había sembrado algo que resultaba ya imposible de extirpar. Los *sans coulotts* de toda Europa, incluyendo a la inmensa Rusia, exigían un nuevo Estado, con un nuevo orden social. Los defensores del antiguo sistema trataron de ahogar el movimiento de las masas, sin conseguir nada. Había que ir con el curso de la historia o sucumbir en él.

Entre tanta convulsión, la Iglesia se esforzó para salvar a un escaso puñado de fieles. Era como si el pueblo se hubiera olvidado de Dios, para poner los ojos en ellos mismos y en su educación. Al ver esto, la Iglesia insistió en utilizar la enseñanza como instrumento de propaganda. Se cerraron los baluartes, se estrecharon las filas. Pero las fuerzas reaccionarias ya estaban escalando los últimos peldaños del poder. Rusia fue sacudida interiormente, pero resistió todos los ataques. Alemania e Italia recurrieron al totalitarismo para enfrentarse al resto de Europa donde los valores ya estaban trastocados.

América debía aprovechar la oportunidad. Si se le escapaba el tren del progreso posiblemente habría de recurrir a la doctrina Monroe para aislarse y terminar como habían empezado las tribus indias. Si para los europeos la salvación había estado en la América de las primeras décadas del siglo, ahora la salvación de los americanos, después de la crisis de 1929, estaba en Europa. Y el potencial de la banca semita, el ingente esfuerzo de un país que lo tenía todo, sirvió para aplastar a las fuerzas totalitarias del Eje, a cuyo carro había unido su suerte, en cierto modo porque no había otro camino, a las hasta entonces fuerzas del cristianismo.

Los rusos y los norteamericanos entraron a la Segunda Guerra con todo lo necesario para derrotar al nacionalismo y al fascismo. Sin embargo, una vez adentro procedieron a repartirse Europa ya en lo territorial, ya en lo económico y hasta en lo espiritual. ¿No ha sido siempre así? ¿Es que esto puede extrañar a nadie? Desde los tiempos más remotos, los vencedores se han repartido los bienes de los vencidos.

Ya fuese en Yalta, El Cairo o en medio del Atlántico, el destino del cristianismo quedó decretado allí. Era el precio ¡uno de los muchos precios! exigido por el entonces comunismo triunfante.

La venganza de la francmasonería internacional se había cumplido. Los enciclopedistas franceses que precedieron a la Revolución del 93 lo habían predicho. "¿Acabamos con ellos, Stalin? —¡No! ¿Para qué buscarse enemigos? Se caerán ellos solos. Están listos."

Puede que estas frases no sean rigurosamente históricas, pero sí encierran un alto sentido. El nacimiento de un nuevo dogma y la muerte de otro. ¡Ése era el fin inmediato sin duda! ¡Que nadie se crea superior al orden natural de las cosas! ¡Todo se hace para cumplir un fin preestablecido, dado que si no fuera así, nada tendrá razón de ser!

El hombre debe cumplir el fin para el que fue creado, cualquiera que éste sea. Él es un agente de la naturaleza y de Dios, Creador Supremo, y su objeto de existir le será revelado posiblemente en el más allá, porque en este mundo, al parecer, no.

¿Qué se puede temer de la muerte? ¿Que sea verdad todo cuanto han estado diciendo los sacerdotes, desde hace cientos y miles de años? ¿Acaso será verdad que Osiris pondrá en una balanza nuestros vicios y nuestras virtudes? ¿Acaso Cristo juzgará a todos los hombres después del Armagedón?

Tememos a la muerte porque en las conciencias existen secretos inconfesables que se teme ver expuestos a la luz divina. ¿Por qué negar nuestro temor al castigo por haber mentido, robado, falseado, deshonrado o fornicado? ¿Acaso el hombre ha de ser castigado por el delito de haber vivido? ¿Quién de entre nosotros pidió venir a este mundo? ¿No será que también se nos ha engañado?

Allá por la India se cree que el alma adquiere la perfección a través de sucesivas reencarnaciones. Pero nadie, excepto unos pocos, a quienes se les

debe mirar con desconfianza, tienen constancia de sus vidas anteriores, para poder mejorar los errores del pasado.

Se ha dicho que: "Vivir es morir un poco cada día". Y podría añadirse que la vida es una ilusión que el hombre se ha forjado a sí mismo, y que todo acaba cuando se termina esa ilusión. Pero es posible que nada de cuanto se ha dicho sea verdad. Ésa es la gran y maravillosa duda.

"El mundo se acabará a sangre y fuego, entre espantosas convulsiones, alaridos de terror, reniegos, blasfemias, invocaciones; será lo inimaginable, el *sursum corda* del caos y la locura, la misma negación de la muerte, en donde se verá venir el fin aniquilador y nada se podrá hacer para evitarlo..."

¿Y qué? Ese fin lo han sufrido miles de millones de seres en todas partes del mundo, durante siglos, cayendo bajo el hacha del verdugo, en la guillotina, el dogal ceñido al cuello, la silla eléctrica o en la cámara de gas; lo han sufrido también los niños en las escuelas, oyendo el rugir de los aviones bombarderos; lo han sufrido quienes han naufragado o han sentido que la tierra los devora mientras el avión se estrella; también lo han sufrido los hombres que han visto al anestesista ponerle la máscara en el rostro antes de someterse a una intervención quirúrgica grave; y también quienes tensos, crispados, pálidos, empuñan las armas con la instrucción de lanzarse a combate. ¡Pero el mundo sigue viviendo! ¿Qué importa usted o yo? ¿Qué importamos todos? Otros nos sucederán. Otros cultivarán la tierra empapada de sangre. Otros recogerán y harán a un lado los despojos, que no son más que polvo orgánico, pero que les recuerda demasiado lo que habrá de suceder.

¡Cuánta frustración o ansias insatisfechas no hay en esos silenciosos cementerios que rodean pueblos y ciudades! ¡Cuánta vanagloria no ha sido carcomida por los gusanos del suelo! ¡Cuánta sabiduría y razón no se ha convertido en carroña!

¡Naturalmente que llegará el fin del mundo para todos! Se tendrá un fin para cada uno. Pero si alguien descubriera el modo de vivir eternamente, ¡no cabe duda que su agonía sería mucho más prolongada!

Esta edición se imprimió en Noviembre de 2004. Grupo Impresor
Mexicano. Trueno Mz 88 Lt 31 México, D.F. 09630